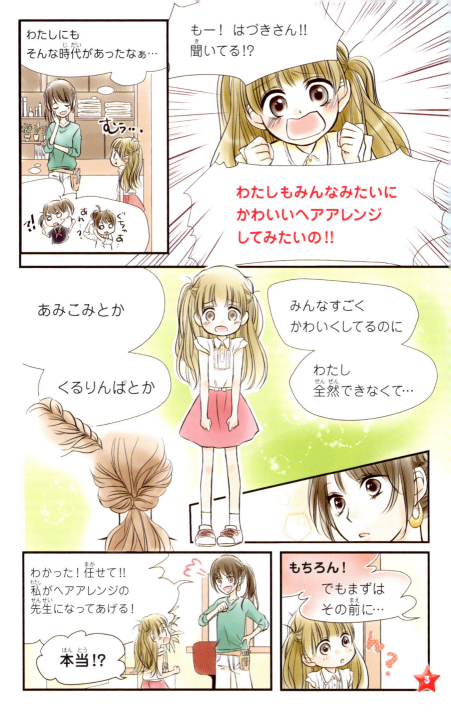

アレンジに必要なアイテムを紹介するね！

ブラシなど

コーム
髪をとかしてホコリや汚れを落とすよ。わけ目を作るときにも使えるよ。

ロールブラシ
毛先をまきつけてドライヤーでかわかすと、内まきにできるよ。

ブラシ
髪の毛の流れをととのえて、全体にツヤを出してくれるよ。

ドライヤー

ドライヤー
温風で髪をかわかしたり、冷風で形をととのえたりするよ。頭に近づけ過ぎないように注意！

かがみ

卓上かがみ
顔全体を映してくれるよ。机の上に置けるからアレンジしながら両手が使えて便利。

手かがみ
持ち運びができるかがみ。合わせかがみをして、うしろの髪をチェックできるよ。

ヘアゴム

太ゴム
髪を多めに結ぶときに使うよ。しっかりきつめに結びたいときにも。

細ゴム（シリコンゴム）
使い捨てのゴム。少ない毛束を結ぶとき使うよ。

飾りゴム
リボンやお花の飾りがついているゴム。ゴムの上からも結べるよ。

シュシュ
つつ状の布にゴムが入ったもの。かんたんに髪をまとめることができるよ。

ピン・クリップなど

ピン
髪をとめるときや、おだんごを固定させるときなどに使うよ。

パッチンどめ
髪飾りとしてつけたり、前髪をとめたりするときに使うよ。

飾りピン
リボンやお花などの飾りがついているピン。アクセントになるよ。

クリップ
髪をまとめたり、アレンジのときに仮どめ用として使うよ。

バンズクリップ
髪全体をはさんでまとめるよ。あとがつかないから仮どめにも。

ヘアバンド
髪をおさえて固定するよ。アレンジのほか、洗顔のときにも◎。

カチューシャ
頭につけるヘアアクセ。リボンやビジューつきなど、種類もさまざま。

バレッタ
ゴムで結んだ結び目の上にとめて、かわいく飾りつけるよ。

リボン
結び目の上に結んで飾りつけたりして使うよ。種類もさまざま。

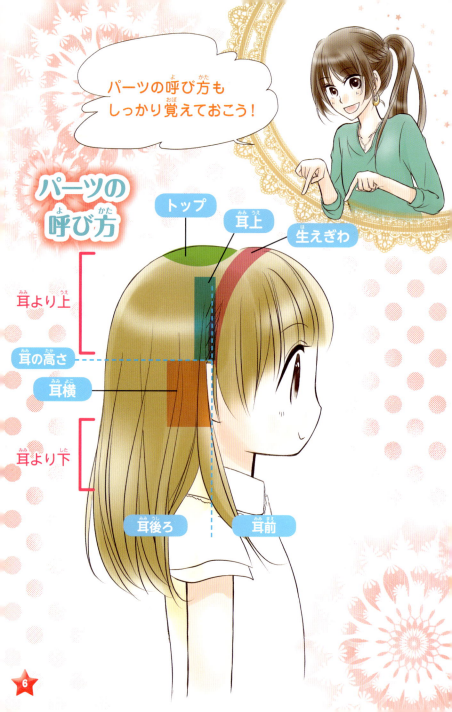

もくじ

- マンガ ♥ わたしもヘアアレンジがしたい！ ……………… 2
- この本の使い方 ……………… 12

パート1　基本の6テクニック

マンガ ♥ 基本の6テクニック〜基本をマスターしたい！〜 ……………… 14

1 結ぶ ……………… 16
- ♥ ひとつ結び ……………… 16
- ♥ ふたつ結び ……………… 20
- ♥ ハーフ結び ……………… 24
- ♥ ブロック結び ……………… 28

2 くるりんぱ ……………… 30

3 ねじる ……………… 34
- ♥ ツイスト ……………… 34

4 あむ ……………… 38
- ♥ みつあみ ……………… 40
- ♥ 表あみこみ ……………… 44
- ♥ 裏あみこみ ……………… 46
- ♥ 片あみこみ ……………… 48
- ♥ フィッシュボーン ……………… 52

5 おだんご ……………… 56
- ♥ たらしだんご ……………… 56
- ♥ まきつけだんご ……………… 60

6 とめる ……………… 64
- ♥ ピン（タイトにとめる）……………… 64
- ♥ ピン（毛束をとめる）……………… 65
- ♥ パッチンどめ ……………… 66
- ♥ クリップ ……………… 67
- ♥ バレッタ ……………… 68
- ♥ バンズクリップ ……………… 69
- ♥ ヘアバンド ……………… 70
- ♥ カチューシャ ……………… 71
- ♥ シュシュ ……………… 72
- ♥ ボンボンつきゴム ……………… 73

差がつく！ちょいテクレッスン
- みつあみパーマ ……………… 74
- ひめ毛 ……………… 75
- 結び目かくし ……………… 76
- 逆毛 ……………… 77
- かくしピン ……………… 78

パート2 テイスト別アレンジ

- マンガ ♥ テイスト別アレンジ～たくさんヘアアレンジしたい！～ ……… 80

ゆるふわガーリー

- ゆるふわガーリー三か条 … 82
- 細みつあみ入りツイン …… 83
- キャンディツイン ………… 84
- ねじりバッテン …………… 85
- ねじりカチューシャ ……… 86
- うさ耳ツイン ……………… 87
- くるりんみつあみ ………… 88
- 裏あみこみツイン ………… 89
- ゆるツインだんご ………… 90
- みつあみカチューシャ …… 92
- アシメくるりんぱ ………… 94
- ダブルみつあみ …………… 96
- ダブルたらしだんご ……… 98
- リボンポニーテール ……… 100

ゆるふわガーリーさん必見！ 通学♥おでかけ ファッション講座 ……… 102

やんちゃスポーティー

- やんちゃスポーティー三か条 ‥ 104
- 細みつあみポニー ………… 105
- 逆りんぱツイン …………… 106
- ヘアバンドポニテ ………… 107
- たらしだんごツイン ……… 108
- うさ耳みつあみ …………… 109
- ひつじだんご ……………… 110
- 細あみハーフだんご ……… 112
- サイドねじりだんご ……… 114

やんちゃスポーティーさん必見！ 通学♥おでかけ ファッション講座 ……… 116

しっかりスクールガール

- しっかりスクールガール三か条 …… 118
- くるりんぱハーフツイン ‥ 119
- 三段ハーフ結び …………… 120
- ダブルツイン ……………… 121
- ゆるあみツイン …………… 122
- パイナップルハーフアップ … 123
- アシメツインだんご ……… 124
- くるりんぱツイン ………… 126
- あみこみ風ヘア …………… 128
- ハーフたらしだんご ……… 130
- サイド連続くるりんぱ …… 132

しっかりスクールガールさん必見！ 通学♥おでかけ ファッション講座 ……… 134

キラかわ清楚

- キラかわ清楚三か条 ……… 136
- みつあみリング ……………… 137
- えりあしツインくるりんぱ … 138
- サイド裏あみこみ …………… 139
- 結び目かくしゆるツイン ·· 140
- ハーフたらしだんご ……… 141
- ねじりハーフ ………………… 142
- くるりんぱみつあみ ……… 144
- みつあみクロス …………… 146
- なんちゃってボブ ………… 148
- みつあみまとめヘア ……… 150

キラかわ清楚さん必見！ 通学♥おでかけ ファッション講座 ……… 152

辛口ロックガール

- 辛口ロックガール三か条 ·· 154
- かきあげハーフ …………… 155
- ポンパポニテ ……………… 156
- サイドくるりんぱ ………… 157
- ボリュームツイン ………… 158
- ボリュームだんご ………… 159
- みつあみまきつけポニー ·· 160
- サイド裏あみこみ ………… 162
- ねじりうずまき＆
  フィッシュボーン ………… 164

辛口ロックガールさん必見！ 通学♥おでかけ ファッション講座 ……… 166

パート3 前髪の作り方

マンガ♥ 前髪の作り方〜前髪ってどうしたらいいの？〜 ……………… 170

- 超重要！ 印象が決まる！
  前髪のベストバランス ……… 172
- まゆ下の前髪 ……………… 174
- まゆ上の前髪 ……………… 182
- アシメの前髪 ……………… 184
- ワンレンの前髪 …………… 186
- 前髪レスキュー …………… 190
- 前髪お悩み相談室 ………… 192

パート4 イベント♥アレンジ

マンガ♥ イベント♥アレンジ～イベントに合ったアレンジって？ ……… 198

ゆかたで花火大会
- みつあみアップヘア ………… 200
- 逆りんぱサイドアップ ………… 202
- 両サイド裏あみこみ ………… 203

はっぴでおまつり
- 裏あみこみまとめヘア ………… 204
- みつあみだんごヘア ………… 206
- クロスピンサイドどめ ………… 207

水着でプール
- バック裏あみこみ ………… 208
- ポコポコツイン ………… 210
- 片あみこみツイン ………… 211

ドレスで発表会
- みつあみサイドだんご ……… 212

- ウエーブアップヘア ………… 214
- ハーフ表あみこみ ………… 215

仮装でハロウィン
- 小悪魔ヘアー ………… 216
- ヒロイン風みつあみヘア …… 218
- ねこ耳風ねじりヘア ………… 219

とびきりおめかしでクリスマス
- みつあみハートヘア ………… 220
- リボンツインテール ………… 222
- 連続くるりんぱツイン ……… 223

双子コーデでテーマパーク
- みつあみミックスツイン ……… 224
- リボン入りみつあみツイン ‥ 226
- ブロックツインだんご ………… 227

パート5 ヘアケア講座

マンガ♥ ヘアケア講座～ヘアケアは大切！～ ……………………………………… 230

ビューティーヘアケアBOOK ……………………………………………………………… 231

正しいヘアケア教えるよ! ……… 232
- とかし方 ………… 232
- 洗い方 ………… 233
- かわかし方 ………… 236

- スペシャルヘアケア 番外編・238
- 髪のお悩み Q&A ………… 240
- だれでもかんたん！手作りヘアアクセ … 246

最後まで読んでくれたみんなへ ………………………………………………………… 248

ヘアアレンジ早見表 ……………………………………………………………………… 250

- レッスン❶ 顔型別アドバイス ……………………………… 168
- レッスン❷ 美容室♥成功のヒケツ ………………………… 196
- レッスン❸ ヘアおまじない …………………………………… 228

この本の使い方

この本の見方を説明するよ！

- **ヘアアレンジ名**
  ヘアアレンジの名前だよ。
- **手順**
  結び方を番号をふって説明しているよ。
- **用意するもの**
  アレンジに必要な道具だよ。4～5ページで説明しているよ。
- **できあがり**
  ヘアアレンジのできあがりイメージだよ。

パート2 に出てくるよ。

レベル
星の数が多いほどむずかしいよ。

時間
アレンジが完成するまでにかかるおおよその時間だよ。

パート2 パート4 に出てくるよ。

ふたつ結び × くるりんぱ

使う基本テクニック
使っている基本テクニックの組み合わせだよ。

髪の長さ
アレンジを作れる髪の毛の長さだよ。

- ロング …胸より下の長さ
- ミディアム …肩から胸までの長さ
- ショート …肩までの長さ

パート3 に出てくるよ。

顔型
紹介している前髪が似合う顔の形がわかるよ。顔型の説明は168ページを見てね。

おでこ
紹介している前髪が似合うおでこの広さだよ。●のおでこがオススメだよ。

テイスト
紹介している前髪に合うテイストだよ。色がついているものがあてはまるよ。

上達へのアドバイス

よく見てポイント
わかりにくいところをイラストや写真で教えてくれるよ。

成功と失敗の別れ道
ゴムで結ぶ前にととのえておかないと表面がでこぼこになっちゃうよ。
成功のひけつや失敗の原因を教えてくれるよ。

もっとかんたんに！
みつあみを作らずに結び目をかくすだけでもかわいいよ！
かんたんにする方法やポイントを教えてくれるよ。

パート1

これで完ペキ！
基本の6テクニック

まずは基本の

ヘアアレンジテクニックを覚えよう。

これから紹介する6テクニックを

マスターしたら、どんなアレンジでも

できるようになるよ！

練習してみてね♪

基本のテクニック 1

結ぶ

ゴムで髪をしばる基本のテクニックだよ。
結び方を覚えていろんなアレンジにチャレンジ！

ひとつ結び

はじめに覚えたい基本中の基本スタイル！

両手で髪の毛を持ってまとめられるくらいの長さになったら、ひとつ結びができるようになるよ。全部の髪の毛を束ねるので、しっかりした太さのゴムを選んでね。

用意するもの
♥ コーム　♥ 太ゴム1本

1 上半分の髪の毛を集める

耳より上の高さの髪を結びたい位置に集めるよ。太ゴムは利き手の手首にかけておこう。

2 残りの髪を結びたい位置に集める

残りの髪を1の位置に集めるよ。えりあしもしっかり集めてね。

パート1 基本の6テクニック 結ぶ

成功と失敗の別れ道

ゴムで結ぶ前にととのえておかないと表面がでこぼこになっちゃうよ。

3 コームで髪をとかす

コームで表面の髪をととのえるようにとかすよ。

よく見てポイント

4 ゴムを毛束に通す

利き手で毛束をつかんで、反対の手で手首のゴムを毛束のほうへ引っぱってゴムに毛束を通すよ。

5 ゴムをねじってもう一度通す

ゴムをねじって8の字を作り、もう一度毛束に通すよ。

完成!

6 4と5をくり返す

ゴムが毛束を通らなくなるまでくり返したらできあがり!

ちょいカエ！ ひとつ結びでかんたんチェンジ！

高さや位置を変えるだけで、同じひとつ結びでもこんなに雰囲気が変わるよ！

基本のスタイル

低め ←

清楚なお姉さん風
耳より下の位置で結んでね。大人っぽい雰囲気になるよ。

→ 高め

はじけ元気っ子風（ポニーテール）
しっかりきつめにゴムを結んでね。元気いっぱいに見せたいときに◎。

サイド ↓

サイド低め

しっかり優等生風
サイドも、低めに結べばいつもより落ち着いた雰囲気になるよ。

かわいい妹風
「基本」と高さは変えずにそのまま横にずらして結ぶだけだよ。

サイド高め

やんちゃスポーティー風（サイドポニー）
「高め」の位置と同じ高さでサイドに結ぶよ。元気でかわいい印象に。

かんたんチェンジのポイントはココだよ！

パート1 基本の6テクニック　結ぶ

低めの場合

耳上の髪を結びたい位置に集めてから、残りの髪をまとめるよ。

高めの場合

1

耳上の髪をできるだけ高い位置で集め、表面のでこぼこをととのえるよ。

2

残りの髪は顔を下に向けて、手を交互に持ちかえながらかき集めて結ぶよ。

サイドの場合

耳の横に集める
耳上から順に結びたい側に髪をよせてから、結びたい位置でひとつ結びをするよ。

低めのときは…
耳の下に髪を集めてたれさがるように結ぶよ。

高めのときは…
サイドに髪をよせたら、上にある「高め」の場合と同じ手順で結んでね。えりあしの髪が落ちてくるときはピンでとめよう（➡64ページ）。

19

ふたつ結び

「ツインテール」とも呼ぶ王道かわいいスタイル♡

かわいいスタイルには絶対にかかせない定番の結び方。わけ目の作り方もいっしょに覚えられる基本のテクニックだから、何度かくり返し練習してみてね。

用意するもの
♥ コーム　♥ 太ゴム2本

1 コームを使ってわけ目をつくる

1 頭のてっぺんにコームの先をあてて、えりあしまで下にまっすぐ線を引くイメージでおろすよ。

2 えりあしまでおろしたら、コームの先をあてたまま横へずらすよ。

3 ずらした毛束がばらばらにならないよう、両手で左右に引っぱると、わけ目がでてくるよ。

成功と失敗の別れ道
頭のまん中からえりあしのまん中にあるくぼみめがけてコームをおろすと、まっすぐわけられるよ。

パート1 基本の6テクニック 結ぶ

2 片方の毛束をととのえる
毛束を持ちながら、コームで表面のでこぼこをととのえるよ。

3 ゴムを通して結ぶ
手首に通しておいたゴムで結んでいくよ。

5 反対側も同じように結ぶ
反対側の毛束も、結び目の高さや位置がずれないように注意しながら同じように結ぶよ。

4 毛束を持って引きしめる
毛束を半分にわけ、左右に引っぱって結び目を引きしめてたるみをなくすよ。

完成！

6 左右の高さをととのえる
高さをととのえたらできあがり。ずれていたら、毛束を引きしめたり、ゴムを下げて調整してね。

21

ちょいカエ！ふたつ結びでかんたんチェンジ！

高さや位置を変えるだけで、同じふたつ結びでもこんなに雰囲気が変わるよ！

しっかり優等生風
耳のすぐ後ろにつけるようにしてふたつ結びするよ。落ち着いた雰囲気に。

はじけ元気っ子風
「基本」よりトップに近い位置で結ぶよ。はじけて元気な雰囲気に。

基本のスタイル

清楚なお姉さん風
「基本」より後頭部に近い位置で結ぶよ。「低め」よりも清楚な雰囲気に。

かわいい妹風
結び目を耳のま上に持ってくるよ。かわいらしい雰囲気に。

パート1 基本の6テクニック

結ぶ

高めの場合

❶ 耳より上の顔まわりの髪を、結びたい位置で持つよ。

❷ ❶で持った束へ❶❷❸の順に髪を集めていくよ。

わけ目をギザギザにしてみよう！

❶ **コームを使う**
コームの先をトップにつけて、頭皮にあてたまま、ななめ下にすべらせるよ。

❷ **ギザギザおろす**
そのままギザギザと左右に動かしながらえりあしまでおろしていくよ。コームの先が頭皮からはなれないように注意！

❸ **両手でふたつにわける**
そのまま左右に引っぱると、ギザギザのわけ目ができあがるよ！しっかり引っぱってね！

ハーフ結び

すくって、結ぶ
清楚アレンジの定番テク

髪の毛の上半分だけをすくって、ひとつ結びにするスタイル。かんたんに顔まわりをすっきりさせられるよ。かわいい系や清楚系アレンジでよく使われるよ。

用意するもの
♥ コーム　♥ 太ゴム1本

① 両手の親指を耳の上につける
両手の親指を耳上のつけ根につけるよ。

成功と失敗の別れ道
つけ根より上の位置に親指をつけてしまうと、結んだあとに耳のすぐ上の髪が落ちてくるから注意してね。

よく見てポイント

② そのまま親指を後頭部へすべらせる
親指をつけたまま、まっすぐま横に後頭部へ移動させるよ。

③ 上半分の髪をまとめて持つ

両手の親指がぶつかったら、耳上の髪を片手で持つよ。

④ コームで髪の表面をととのえる

コームで髪の表面のでこぼこをととのえるよ。

パート1 基本の6テクニック 結ぶ

⑤ ゴムを毛束に通していく

手首に通しておいたゴムで髪の毛を結んでいくよ。

成功と失敗の別れ道

結んだ毛束がピンととびでてしまうときは、結び目を少し下にずらそう。

⑥ 毛先の向きをととのえる

毛先がきれいに下を向くようにととのえたらできあがり！

完成！

ちょいカエ！ハーフ結びでかんたんチェンジ！

高さや量を変えるだけで、同じハーフ結びでも
こんなに雰囲気が変わるよ！

低め　高め

清楚なお姉さん風
大人っぽい雰囲気にしあがるよ！ 毛束の量は多めに。

基本のスタイル

しっかり優等生風
活発な雰囲気にしあがるよ！ 毛束の量は少なめに。

サイド　ツイン

はじけ元気っ子風
「基本」の高さで左右どちらかの耳の上でまとめるよ。かわいい雰囲気に。

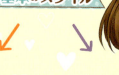

かわいい妹風
わけ目をとってから結ぼう。ふたつ結びよりもおさない雰囲気に。

かんたんチェンジのポイントはココだよ！

パート1 基本の6テクニック　結ぶ

高めの場合

❶ 結びたい位置で髪をつかむよ。

❷ ❶でつかんだ束に向かって片方ずつ耳上の髪を集めよう。

サイドの場合

❶ 結びたい側の耳上の髪をつかんだら、反対側の耳の上に親指をあてて横にすべらせ、髪を集めるよ。

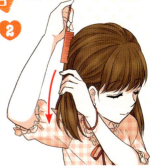

❷ コームで髪の表面のでこぼこをととのえたら、ゴムで結ぶよ。

27

ブロック結び

毛束をたくさんわける個性派テク!

髪全体をブロックにわけて結ぶテクだよ。すべてのブロックの髪を同じ量にするのがうまくしあげるためのコツ！ゴムの色をカラフルにかえてもかわいいよ。

用意するもの
♥ コーム　♥ 細ゴム6本

1 コームを使ってわけ目をつくる

髪全体をふたつにわけたら、片方は仮結びしておこう。次に頭のてっぺんにコームの先をつけて耳の上までおろすよ。

成功と失敗の別れ道

はじめのブロックで髪をとりすぎると、残りのブロックの髪が少なくなってしまうから注意してね。

2 耳前の毛束をゴムで結ぶ

1で作ったわけ目の手前の髪をつかみ、高い位置でゴムで結ぶよ。

3 耳の高さでわけ目を作る

ふたつ目のブロックを作るよ。まん中のわけ目から耳上のつけ根にむかって、まっすぐコームを動かしてわけよう。

4 ②でわけた毛束といっしょに結ぶ

②のま下で髪をまとめたら、②の毛束といっしょに結ぶよ。

成功と失敗の別れ道

結び目のタテのラインがずれると、後ろ姿がガタガタになるので注意してね。

5 残りの髪をゴムで結ぶ

④の結び目のま下で残りの髪をいっしょに結ぶよ。

6 反対側も同じように結ぶ

反対側の毛束も、結び目の高さや左右の幅がずれないように注意しながら結べばできあがり！

完成！

基本のテクニック 2

くるりんぱ

ひとつ結びを「くるりんぱ！」して作るだけの
かんたんテクニックだよ。

くるりんぱ

超かんたんなのに オシャレに見える優秀テク！

結んで「くるん！」とするだけで、あっというまに完成するオシャレテクニック。とってもかんたんだから、不器用さんでもすぐにできちゃうよ。

用意するもの
- ♥ コーム
- ♥ 太ゴム1本

1 結び目を下にずらす

ひとつ結びをしたら、ゴムを下にずらすよ。片方の手で頭のてっぺんをおさえるとずらしやすいよ。

よく見てポイント

最初に結んだゴムの位置から2cmくらい下にずらすよ。下げすぎるとゆるくなるから注意してね。

パート1 基本の6テクニック くるりんぱ

2 結び目の上にすきまをつくる

結び目の上のまん中に指をさしてふたつにわけ、すきまを作るよ。

3 毛束を上からすきまに通す

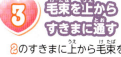

2のすきまに上から毛束を通すよ。

両手の中指ですきまを作ったまま親指で結び目をおしあげ、人さし指でゴムの結び目をすきまに通すとうまくいくよ。

4 毛先を引っぱって引きしめる

毛束を左右に引っぱって、ゴムが上にあがるように結び目を引きしめるよ。すきまができたときも、これで調整しよう。

完成！

5 表面のでこぼこをととのえる

くるりんぱしたすきまの上など、へこんでしまった部分を少しつまんで表面のでこぼこをととのえたら、できあがり！

31

ちょいカエ！ **くるりんぱ**で **かんたんチェンジ！**

くるりんぱの回数や通し方を変えるだけで、
同じくるりんぱでもこんなに雰囲気が変わるよ！

基本のスタイル

ワンポイント

かわいい妹風
表面だけすくって結んだら、くるりんぱするよ。顔まわりに作るとかわいいよ。

逆りんぱ

はじけ元気っ子風
すきまを作ったら、下から毛束を通すよ。いつもよりボリュームのあるポニーテールに。

連続

オシャレお姉さん風
髪の毛を2回にわけてくるりんぱしていくよ。かんたんなのにあみこみ風に見えるよ。

パート1 基本の6テクニック　くるりんぱ

逆りんぱの場合

①「くるりんぱ」と同じ手順ですきまを作ったら、毛束を下から入れこむよ。

②毛先を左右に引っぱってゴムが上にあがるようにして結び目を引きしめるよ。

連続の場合

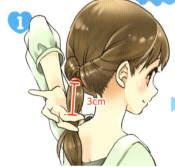

①基本のくるりんぱをしたら、3cmくらい下でゴムを結ぶよ。

②1つ目の結び目と2つ目の結び目の間にすきまを作ってくるりんぱするよ。

基本のテクニック 3

ねじる

髪の毛をねじってまとめるテクニックだよ。
パパッとできて、かんたんかわいい！

ツイスト

ねじるだけだから時間がなくてもすぐできちゃう！

毛束をねじねじしてまとめるだけだから超かんたん！　なのに、みつあみみたいなオシャレ感がだせちゃうよ。ショートヘアの子もできちゃう万能テク。

用意するもの
♥ 細ゴム1本　♥ クリップ

1　耳の前の髪の毛を少しとる

耳の前の髪の毛をとるよ。後ろの髪はクリップでとめておこう。

2　外側に向かって髪の毛をねじる

1でとった毛束を後ろに引っぱりながら、手首を上にひねって外まきにねじっていくよ。

成功と失敗の別れ道

毛束を下に向けたままねじると、後ろに持っていくときに根元がぼさぼさになるよ。

パート1 基本の6テクニック ねじる

3 ねじった毛束を後ろに持っていく

毛束をねじったら後頭部の方へ持っていくよ。

4 クリップで仮どめしておく

後頭部の中央に毛束をクリップで仮どめしたら、反対側も同じようにねじって後頭部に持っていくよ。

5 2本まとめて結ぶよ

ねじって作った2本の毛束を後頭部の中央、耳より下の高さで結ぶよ。クリップは結んでからはずそう。

6 毛先の向きをととのえる

毛先を下に向けて、おろしている髪となじませたら、結んだ毛束をかるく左右に引っぱって結び目を引きしめてできあがり！

完成！

ちょいカエ！ツイストでかんたんチェンジ！

ねじる方向を変えるだけで、同じねじるでも
こんなに雰囲気が変わるよ！

外まき

しっかりお姉さん風
前髪を外まきにねじってピンでとめると、キリッとした雰囲気になるよ。

内まき

清楚なお姉さん風
前髪を内まきにねじってピンでとめると、やわらかい雰囲気に。

ダブルツイスト

なんちゃってみつあみ風
毛束をふたつにわけ、両手でねじっていくツイストだよ。

ダブルねじりツイスト

なんちゃってあみこみ風
ねじった2本の毛束を、さらにねじっていくツイストだよ。

内まきの場合

毛束を内側にねじっていくよ。ゆるめにねじってふわっとさせるのがポイント。

ダブルツイストの場合

ふたつにわけた毛束同士そのままぐるぐるねじっていくよ。向きはどちらでもOK。

ダブルねじりツイストの場合

①

耳の前の髪の毛をとったら、残りの髪の毛はクリップでとめておくよ。とった毛束は半分にわけて両手で同じ方向にねじろう。

②

2本の毛束同士を①と同じ方向でねじっていくよ。

下までねじり合わせたら毛先をゴムで結んで完成！

パート1 基本の6テクニック ねじる

基本のテクニック 4 あむ

髪の毛を順番に重ねてあんでいくテクニックだよ。あみ方が覚えられるまで練習あるのみ！

「あむ」にはいろんな種類があるよ

「あむ」テクニックは大きくふたつに分類されるよ。

あむ
わけた毛束をあむ

みつあみ
➡40ページ

フィッシュボーン
➡52ページ

あみこみ
わけた毛束に髪をたしながらあむ

表あみこみ
➡44ページ

裏あみこみ
➡46ページ

片あみこみ
➡48ページ

あみ目には「表あみ」と「裏あみ」があるよ

あみ目はあんでいくとき、中心にくる毛束の上を通るようにあむか、下を通るようにあむかで、形がかわるよ。その形のちがいを「表あみ」「裏あみ」とよぶよ。

表あみ
上から下に向かうあみ目だよ。髪の流れにそうから一体感のあるあみ目になるよ。裏返すと「裏あみ」に。

裏あみ
下から上に向かうあみ目だよ。髪の表面にうきでてくるので、立体感があるあみ目になる。裏返すと「表あみ」に。

38

> はじめに！

ひもを使って練習してみよう！

ひもを使ってあみ方をおぼえよう。ひもの重ね方に注目しながら練習してね。ひもは机にテープではりつけよう。

表あみ

 親指とひとさし指／中指とくすり指
 親指とひとさし指

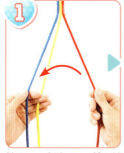

①赤ひもを黄色ひもの上に通してまん中に持ってくるよ。

②青ひもを赤ひもの上に通してまん中に持ってくるよ。

③黄色ひもを青ひもの上に通してまん中に持ってくるよ。

→ ①〜③をくり返して練習しよう！

裏あみ

 親指とひとさし指／中指とくすり指／ひとさし指と中指

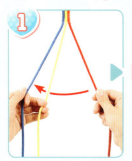

①赤ひもを黄色ひもの下に通してまん中に持ってくるよ。

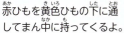

②青ひもを赤ひもの下に通してまん中に持ってくるよ。

③黄色ひもを青ひもの下に通してまん中に持ってくるよ。

→ ①〜③をくり返して練習しよう！

パート1 基本の6テクニック　あむ

みつあみ

「あむ」にかかせない基本テクニック!

毛束を3本にわけてあんでいく基本のあみ方。同じ動きのくり返しだから、あみ方を覚えればかんたんにできるよ。なれるまではひたすら練習あるのみ!

用意するもの
♥ 細ゴム2本

❷は耳のうしろのライン

❶は耳の手前

❸はのこりを束ねるよ

① 毛束を3つにわけるよ

❶〜❸の位置を目安にわけるか、イラストのように指をさしてわけるよ。

② ❶をあむよ

顔側の❶を❷の上を通るようにまん中に持ってくるよ。

③ ❸をあむよ

後頭部側の❸を❶の上を通るようにまん中に持ってくるよ。

④ ❷をあむよ

顔側の❷を❸の上を通るようにまん中に持ってくるよ。

⑤ くり返しあんでいく

❷〜❹をくり返したら、毛先を少し残して結ぶよ。

⑥ 反対側も同じようにあむ

反対側もあみはじめの高さが同じになるようにあんだらできあがり！

ちょいカエ！ みつあみでかんたんチェンジ！

あむときのきつさや毛束の量を変えると同じみつあみでもこんなに雰囲気が変わるよ！

基本のスタイル

きつめ
しっかり優等生風
『基本』より回数多めに、こまかくあんでいくよ。しっかりした雰囲気を出したいときに◎。

毛束カエ

かわいい妹風
あむ毛束のそれぞれの量をかえると、ぐっとオシャレに！

ゆるめ
ゆるふわガーリー風
あみ目をゆるめてふんわりかわいらしい印象に。女の子らしいファッションと相性バツグン！

パート1 基本の6テクニック あむ

きつめの場合

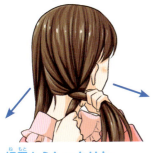

根元からしっかりと
根元からきつめに1本ずつ引きしめながらあんでいくよ。

ゆるめの場合

あみ目を指先でほぐす
みつあみをあんだら、指先であみ目を少しずつ引っぱり、ふわっとなるようにゆるめていくよ。

毛束ガエの場合

ふつう
多い
少ない

ひと工夫でワンランク上のオシャレさんに！

毛束の量をかえる
3本の毛束の量を、「多い」、「ふつう」、「少ない」の3つにわけてあむよ！

43

表あみこみ

あみ目がすっきり！上品な印象だよ

一見むずかしそうに見えるけど、毛束をたしながらみつあみしていくだけだよ。なれるとかんたんだから、くり返し練習してみてね！

用意するもの
♥ 細ゴム1本

1 あみこむ毛束を3つにわける

表面の髪を均等に3つにわけたら、後頭部側の❸からはじめて2回表あみするよ。

2 ❷を下の髪といっしょにあみこむ

次にあむ後頭部側の❷のすぐ下にある髪❹を、❷と同じ量とっていっしょに上からまん中に持ってくるよ。

よく見てポイント

3 ③を下の髪といっしょにあみこむ

一番顔側の③のすぐ下にある髪⑤を③と同じ量とっていっしょに上からまん中に持ってくるよ。

4 ②、③をくり返しあみこんでいく

②、③をくり返して、ちょうど耳上くらいまであみこんでいくよ。

5 残りをみつあみする

耳上まであみこんだら、毛束の残りは毛先までみつあみをするよ。

完成！

6 毛先をゴムで結ぶ

毛先までみつあみをしたら、細ゴムで結んでできあがり！

裏あみこみ

あみ目が立体的に出て存在感バツグン!

表あみこみとやり方は大きく変わらないよ。下からあんでいくときに毛束をたすだけ。あみ目がうき出るから、立体的で個性的なしあがりに!

用意するもの
♥ 細ゴム1本

よく見てポイント

1 あみこむ毛束を3つにわける

あみこむ毛束をすくって均等に3つにわけたら、顔側からはじめて2回裏あみするよ。

2 ❷を下の髪といっしょにあみこむ

顔側の❷のすぐ下にある髪❹を❷と同じ量とって、いっしょに下からまん中に持ってくるよ。

よく見てポイント

③ ❶を下の髪といっしょにあみこむ

後頭部側の❶のすぐ下にある髪❺を同じ量とって❶といっしょに下からまん中に持ってくるよ。

④ ❷、❸をくり返しあみこんでいく

❷、❸をくり返してすくう髪がなくなるまであみこんでいくよ。

⑤ 残りをみつあみする

耳の下まであみこんであみこむ髪がなくなったら、毛先までみつあみをするよ。

⑥ 毛先をゴムで結ぶ

毛先までみつあみをしたら、細ゴムで結んでできあがり！

完成！

片あみこみ

片側の毛束をあみこむから半分だけあみこみ風に

表あみこみと同じ方法で、片側の毛束だけをすくっていくあみこみだよ！あみ目がまん中から半分だけにくっきりと出るのが特徴。前髪をいっしょにあみこんでいくのもオススメだよ。

用意するもの
♥ 細ゴム1本

1 あみこむ毛束を3つにわける

あみこむ毛束をすくって均等に3つにわけたら、後頭部側の❸からはじまって表あみを2回するよ。

2 ❷を下の髪といっしょにあみこむ

後頭部側の❷のすぐ下にある髪❹を❷と同じ量とって、いっしょに上からまん中に持ってくるよ。

成功と失敗の別れ道

両方の外側の毛束をすくってあむ表あみこみとはちがって、片方しかあみこまないからまちがえないようにしよう。

よく見てポイント

③ ③をあむ
顔側の③を上からまん中に持ってくるよ。

④ ①を下の髪といっしょにあむ
後頭部側の①のすぐ下にある髪⑤を①と同じ量とって、いっしょに上からまん中に持ってくるよ。

⑤ 残りをみつあみする
耳の下まであみこんであみこむ髪がなくなったら、毛先までみつあみをするよ。

完成！

⑥ 毛先をゴムで結ぶ
毛先までみつあみをしたら、細ゴムで結んでできあがり！

パート1 基本の6テクニック あむ

ちょいカエ！あみこみでかんたんチェンジ！

あむときのきつさを変えるだけで、同じあみこみでもこんなに印象が変わるよ！

基本のスタイル

きつめ

清楚なお嬢様風
きつめにあむことですっきりまとまって、清楚な雰囲気に。発表会など、きっちりした場面にぴったり！

ゆるめ

ゆるふわガーリー風
あみ目をほぐすことでふわっと女の子らしさが増すよ！ カジュアルさもアップ。

ここで紹介しているのは表あみこみのチェンジだよ。裏あみこみもきつさをかえると同じように雰囲気が変化するよ!!

かんたんチェンジのポイントはココだよ！

パート1 基本の6テクニック あむ

きつめの場合

3本の毛束の量がちがうとでこぼこなあみ目になってしまうので、あみはじめはコームでととのえてから、毛束をしっかりと均等にわけてね！

引っぱりながら
1回あむごとに束を左右に引っぱって、ぎゅっとかためにこまかくあんでいくよ。

ゆるめの場合

あみこみの根元をほぐしすぎると、みつあみ全体がゆるんでしまい、形がくずれるので、注意してね！

指先でほぐす
全体をゆるめにあんだら、みつあみの部分を少しだけ指で引っぱって、あみ目を少しずつほぐしてふわっとさせるよ。

フィッシュボーン

左右対称のこまかい あみ目がポイント！

みつあみと同じで、まん中から左右対称のあみ目になるアレンジだよ。あみあがりが魚の骨みたいに見えるから「フィッシュボーン」と呼ばれるようになったよ。

用意するもの
♥ 細ゴム2本

① 髪全体をふたつにわける

髪全体をふたつにわけ、片方は仮結びしておき、あみこむ方をさらにふたつにわけるよ。

このくらいとるよ

② それぞれの毛束の外側に指をさす

2本の毛束の外側をそれぞれひとさし指で少しとるよ。少ない方がこまかいあみ目になるよ。

成功と失敗の別れ道

すくう毛束と残す毛束をしっかりわけないと、きれいなあみ目が作れないよ！

パート1 基本の6テクニック あむ

3 反対側の細い毛束をとる

顔側のひとさし指をにぎり、後頭部側のひとさし指で❷の束をつかみ、そのまま後頭部側の束といっしょに持つよ。

4 逆の毛束も同じようにとる

顔側のひとさし指で❶の束をとり、顔側の束といっしょににぎるよ。

完成！

5 くり返しあむ

毛束をとるごとに引きしめながら、❷〜❹をくり返しあんでいくよ。

6 毛先まであんでゴムで結ぶ

毛先まであんだらゴムで結ぼう。反対も同じように作ったらできあがり！

53

ちょいカエ！ フィッシュボーンでかんたんチェンジ！

あむときのきつさを変える（か）だけで、同じ（おな）フィッシュボーンでもこんなに雰囲気（ふんいき）が変わる（か）よ！

基本（きほん）のスタイル

↓

ゆるめ

→

きつめ

しっかり清楚（せいそ）風（ふう）
細かい（こま）あみ目（め）にすることで、上品（じょうひん）で清楚（せいそ）な雰囲気（ふんいき）になるよ。

ゆるカジュアル風（ふう）
みつあみのようなボリュームのある見た（み）目（め）になるよ！『基本（きほん）』よりもあみやすいよ。

かんたんチェンジのポイントはココだよ！

きつめの場合

あみ目がしっかり見えるから、すくう量はできるだけ均等にしてね！

しっかり引きしめて
あむ回数が増えるので、途中で形がくずれないように、こまめにあみ目を引きしめよう！

ゆるめの場合

多めの毛束であむフィッシュボーンは初心者さんにオススメ！

ざっくりあみで！
ひとさし指でとる毛束を少し多めにとってゆるくあむよ。ボサボサにならないよう気をつけながら、毛先を引っぱってふわっとさせてね。

基本のテクニック 5

おだんご

髪の毛を丸めて作る、まとめ髪やアップヘアの基本になるテクニックだよ。

たらしだんご

たらした毛先がかわいいかんたんおだんご♡

ひとつ結びと同じ結び方で作れる初心者向けのテクニック。太ゴム1本でできるから、おだんごに挑戦したい人はまずはこのテクニックを覚えよう！

用意するもの
♥ 太ゴム1本

① 両手を使って髪全体を集める

おだんごを作りたい位置でひとつにまとめるよ。

② ゴムで結んでいく

毛束をゴムで結んでいくよ。このとき、結びきらないように注意してね。

最後の1回は…

とめる！

③ 最後の1回は通しきらずにとめる

最後の1回は毛先を通しきらず、とちゅうでゴムをとめるよ。

成功と失敗の別れ道

おだんごを大きくしすぎると、毛先がゴムをすりぬけてしまうから注意してね！

④ おだんごの形をととのえる

おだんごを左右に少し引っぱって形をととのえるよ。

⑤ 毛先をととのえる

毛先がきれいに下を向くようにととのえたらできあがり！

完成！

ちょいカエ！ たらしだんごで かんたんチェンジ！

高さや位置を変えるだけで、同じたらしだんごでもこんなに雰囲気が変わるよ！

基本のスタイル

高め

はじけ元気っ子風
落ちついた印象のたらしだんごも、高い位置にすると元気な雰囲気に。

サイド

おっとり妹風
おだんごをま横にすると、かわいい雰囲気になるよ。

低め

しっかり優等生風
おだんごの部分が下にさがるように結ぶよ。大人っぽい雰囲気に。

パート1 基本の6テクニック おだんご

高めの場合

顔を下に向けて髪を集める
下を向きながら❶、❷、❸の順に髪を集めて結ぶよ。

低めの場合

耳より下で結ぶ
低い位置でたらしだんごを作り、両手でだんご部分を下に引っぱるよ。

サイドの場合

髪の短い人は、結び目と反対側の髪が落ちてきてしまうことも。そういうときはピンでとめて固定するとキレイにしあがるよ。

耳の横に集める
片手で毛束を持ち、もう片方の手で髪をかき集めるよ。

59

まきつけだんご

**女子力アップ！
みんなに人気の王道テク♪**

おだんごの定番スタイル。オシャレ上級者にみえるから気合いを入れたい！　というときにオススメだよ。
むずかしそうにみえるけれど、やり方を覚えればかんたん！

用意するもの
- ♥ コーム　♥ 太ゴム1本
- ♥ ピン4本

成功と失敗の別れ道

まきつけるときは、毛束の根元をかるく持つとまきつけやすくなるよ。

毛束の根元

1 耳より少し高めにひとつ結びをする

耳より少し高めのところでひとつ結びするよ。

2 毛先を結び目にまきつけていく

毛先を結び目にまきつけていくよ。

60

3 毛先までキレイにまきつける

毛先までまきつけるよ。1周でまききれないときは2周まこうね。

成功と失敗の別れ道

きつめにまきつけておかないと、ピンでとめたときにボサボサになってしまうよ。

パート1 基本の6テクニック　おだんご

よく見てポイント

ピンで根元の髪をすくいながら、毛先をとめるよ。

4 ピンで毛先をとめて固定させる

毛先をおさえながら、4本くらい使ってだんごの中にピンがかくれるようにとめるよ。

5 両手でつつんでととのえる

だんごを両手でつつむようになでて、表面をととのえたらできあがり！

完成！

ちょいカエ！まきつけだんごでかんたんチェンジ！

位置やきつさを変えるだけで、同じまきつけだんごでも、こんなに雰囲気が変わるよ！

低め

高め

清楚なお姉さん風
低い位置でまとめると落ちついた雰囲気になるよ。

はじけ元気っ子風
ロングヘアの人にオススメ。オシャレ度が一気にあがるよ。

基本のスタイル

サイド

ゆるめ

やさしい女の子風
キュートなイメージに！帽子やカチューシャも合わせやすいよ。

オシャレお姉さん風
おだんごをほぐせば一気にラフなイメージに変身できちゃうよ！

パート1 基本の6テクニック　おだんご

髪の短い人は、かき集めた髪が落ちてきてしまうことも。そんなときはピンをとめて固定するとキレイにしあがるよ。

ピンを隠すように
高い位置でとめるときは、ピンが見えやすいのでだんごの中にピンをかくすように奥までグッとさしこもう。

ゆるめの場合

あまり広げすぎるとだんごがくずれて失敗してしまうから気をつけてね！

両手でほぐす
だんごを完成させてから、指先で少しずつ引っぱってふわっとさせるよ。

63

基本のテクニック 6

とめる

ピンやヘアアクセで髪の毛を固定する方法だよ。
アイテム別にコツをおぼえよう！

ピン（タイトにとめる）

絶対使う基本のテクニック！

ピンといったらまずはこのとめ方。
前髪をすっきりさせたいときや髪が
落ちてくるのをふせげるよ。

用意するもの
♥ コーム　♥ ピン

よく見てポイント

ピンを広げて親指と
人さし指で持つよ。

1 髪をおさえてピンを持つ

たるまないように髪を引っぱり、反対の手でピンを持つよ。ピンは波うっている方を上にして持とうね。

完成！

2 ピンではさんで奥までさしこむ

波うっていない方をおでこにそわせるようにしながらピンで髪をはさみ、奥までさすよ。

64

ピン（毛束をとめる）

オシャレアレンジには
かかせないよ！

まとめた毛束をとめれば、アレンジにアクセントをつけてくれるよ。「ねじる」「あむ」との相性が◎！

用意するもの
♥ コーム　♥ ピン

1

**毛束をおさえながら
ピンをさしこむ**

毛束をたるまないようにとめたい位置まで引っぱり、ピンをさしこむ。

完成！

よく見てポイント

とめたい毛束とベースの髪を、しっかりはさむようにさしこむよ。

ゆるくとめると
ふんわり系に！

髪をあえてふんわりたるませてからピンをとめるよ！　やわらかいイメージに。

パッチンどめ

髪の毛をはさんでとめるときにパチッと音が鳴るピン。
とめるためだけでなく、飾りとしても使えるよ。

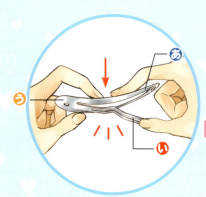

1 ピンを開く

盛りあがっている部分に両手の人さし指をそえて、下におすよ。パチっという音が鳴って**い**の部分が開いたらOK。

2 ピンで髪をはさむ

髪がたるまないように引っぱりながら片手でおさえたら、とめたい位置の髪をピンではさむよ。**い**の部分を内側にしてね。

3 パチっと鳴らしてピンをとめる

うの部分を親指でおさえながら、**あ**の部分をおすよ。パチっと音がしてとまったら、できあがり！

たくさんつけるとかわいい！

1個だけじゃなく、いくつも並べてつけるとかわいいよ。カラフルなものや柄のついたものをつけるとアクセントに。

クリップ

はさむだけで毛束をかんたんにまとめられる道具。
アップヘアにも使えるよ♪

パート1 基本の6テクニック とめる

ロングヘアで余った毛先は下に垂らすよ。

よく見てポイント 毛束の根元の髪もはさもう。

よく見てポイント

1 髪の毛をタテに束ねる

耳の高さで髪を集めたら、1～2回ねじるよ。そのまま毛束を上にあげてイラストのような状態にするよ。

2 クリップで髪の毛をはさむ

クリップでベースの髪ごと毛束をいっしょにはさむよ。

3 髪の毛が固定できれば完成

完成！

クリップを奥まで差しこんで、髪の毛がまとまればできあがり！

デザインいっぱい！

リボンやお花の飾りがついているものや、大きさがちがうものなど、いろいろなデザインがあるよ！ つける場面に合わせて使いわけよう！

67

バレッタ

結び目の上から髪の毛をはさんで飾るヘアアクセだよ。
ハーフ結びのアレンジでよく使われるよ。

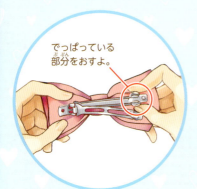

でっぱっている部分をおすよ。

1 とめ具部分を手で開ける
親指とひとさし指で金具を開けるよ。
パチっという音が鳴ったらOK。

2 とめたい位置に持っていく
あらかじめ結んでおいた結び目の少し上をバレッタではさむよ。

注意! 結び目より下でとめるとずれて落ちちゃうよ！

完成!

3 位置を調整してバレッタをとめる
1で開けた金具をもとに戻すイメージでとめるよ。カチっと音がしたら、とまった合図。

結び目かくしに！
飾りつきのバレッタは、ハーフ結びやブロック結びの結び目かくしになるよ！

68

バンズクリップ

ワニのような口をしたクリップ。結ばなくてもおだんごを作ることができるよ。

パート1 基本の6テクニック とめる

まきつける
ねじって

1 髪の毛を後ろにまとめる

髪を後ろに集めたら、片手でつけ根を持ち、反対の手で毛束をねじるよ。ねじりきったら、つけ根を持ったまま毛束をつけ根にまきつけるよ。このとき、ねじった方向と同じ方向にまきつけようね。

2 髪をおさえたまま口を開ける

片手で髪をおさえ、反対の手でバンズクリップを持って口を開けるよ。

完成!

3 髪の毛全体がおさまるようまとめる

髪の毛全体がきれいに入るようにとめたらできあがり!

印象が変わる!
ゴムを結ばないでバンズクリップで髪をまとめるといつもより大人っぽい印象に!

69

ヘアバンド

頭に巻く布のことで、髪が落ちてこないようにまとめてすっきりさせてくれるよ。

1 首にヘアバンドをかける

頭からヘアバンドをかぶって首までおろしたら、髪をすべてヘアバンドの外に出すよ。

2 ヘアバンドを上にあげる

そのままヘアバンドを前髪ごとトップに持っていくよ。ヘアバンドがえりあしからずれないように気をつけてね。

3 全体をととのえる

ヘアバンドと生えぎわの間の髪の表面をととのえたらできあがり。

完成！

前髪は出してもOK！
前髪は出してもOKだよ！前髪を出すとかわいいイメージ、前髪を入れるとかっこいいイメージに。

カチューシャ

ヘアバンドに似ているけれど、髪をまとめるよりも
飾りとして使われているよ。

パート1 基本の6テクニック とめる

1 耳上のつけ根にカチューシャをセットする

カチューシャの両端を耳上のつけ根につけて、髪の毛にふれないようにトップより少し前のところに移動させるよ。

完成！

2 髪全体をととのえる

前髪や後ろ髪をととのえたらできあがり！

少しだけななめに

カチューシャは、ほんの少しだけトップより前髪側にとめるとバランス◎。落ちてこないように、くしがついているものもあるよ。

71

シュシュ

つつの形にした布に太ゴムを通して縮ませたヘアアクセだよ。
ふつうのゴムで結んだ結び目の上から、シュシュで結んで華やかに。

完成！

1 毛束にシュシュを通す

基本のひとつ結びをしたあとに、上からシュシュを通すよ。

2 2〜3回結ぶ

2〜3回結んだら、できあがり。シュシュをきつく結んでしまうと、シュシュのふわっとしたかわいさがなくなるから注意してね。

こんなときにも！

できあがったヘアアレンジの飾りとしても使える♪

まきつけだんごを作り、上から結び目にかぶせるようにシュシュをつけるとだんごの存在感アップ♡

ボンボンつきゴム

ふつうのゴムで結んだあとに飾りつけるゴムだよ。ボンボンやリボン、お花などいろんな飾りがあるよ。

片方は固定
片方はまきつける

1 ふつうのひとつ結びをする
太ゴムでひとつ結びをするよ。

2 ボンボンつきゴムをつける
片方のボンボンを結び目にくっつけるように固定して、反対のボンボンをぐるぐると結び目にまきつけていくよ。

完成!

3 ゴムの中にボンボンを通す
ボンボンをまききってゴムの長さがなくなったら、固定していたボンボンに反対のボンボンのゴムを通すよ。

4 ボンボンの位置を調整する
ボンボンの位置がちょうど結び目の上にくるように調整したらできあがり!

パート1 基本の6テクニック とめる

いつものヘアスタイルをもっとかわいく！
差がつく！ちょいテクレッスン

基本のテクニックができるようになったら、かんたんにまわりと差がつけられるワザを覚えちゃおう！

その1 ♥ みつあみパーマ

みつあみパーマって？

みつあみしたまま寝るだけでできるなんちゃってパーマ

特別な日の前日や、今の髪型にあきたときはみつあみをしたまま寝てみてね。朝みつあみをはずすとパーマのようなウエーブがかかったヘアになるよ！

① みつあみを作って寝る

ブロック結びのわけ方（→28ページ）でみつあみを6つ作るよ。しっかり結んでそのまま寝よう。

完成！

アドバイス

きつめにみつあみすれば細かいウエーブに、ゆるめにみつあみすればゆるやかなウエーブに！

② みつあみをほどいてととのえる

次の日の朝にみつあみをほどいて手ぐしでととのえたらできあがり！

その2 ♥ ひめ毛を作る

パート1 基本の6テクニック ちょいテクレッスン♥

ひめ毛って？

前髪のすぐ横にある顔まわりの髪の毛

ひめ毛とは顔まわりの髪のことをいうよ。髪の毛を結ぶとき、少しだけ残して結ぶときっちりしすぎずオシャレに。顔のりんかくをかくしてくれるから、小顔効果も！

残し過ぎ注意!!
残す髪の毛が多くなりすぎると、もっさりして見えてしまうから気をつけてね！

1 耳前の髪を少し残す
耳前の髪を少し残して耳にかけるよ。目安は指でかるくつまめるくらいだよ。右上の写真の○を参考にしてね。

2 残りの髪を結ぶ
残りの髪を結べばできあがり！

完成！

75

その3 ♥ 結び目かくし

結んだゴムを毛束でかくすテク

結び目の上から毛束をまきつけてゴムをかくすテクだよ。すごくかんたんなのに、いっきにオシャレ上級者になれるよ。

1 ひとつ結びの毛束をつかむ

ひとつ結びをしたら、毛束の中から少しだけ髪をとるよ。ゴムがかくれるくらいの量ならOK。

2 つかんだ髪を結び目に巻きつける

1でつかんだ髪を、そのまま結び目に巻きつけていくよ。

完成！

3 毛先まで巻いたらピンでとめる

毛先まで巻いたら、そのまま毛先とベースの髪をピンでとめてできあがり。

その4 ♥ 逆毛をたてる

パート1 基本の6テクニック ちょいテクレッスン

逆毛って？

髪の毛にボリュームを出したり まとまりやすくするテク

結んだ毛束や、トップの短い髪の毛にボリュームを出すときに使えるよ。ほかにも、アレンジするときに髪の毛をまとめやすくすることも。

手ぐしでも！
コームがすぐに用意できないときは指で毛先をつまんで同じ動きをすればOK！

1 毛先から結び目にむかってとかす
ひとつ結びをしたら片手で毛先をおさえ、コームで毛先→根元に向かってとかすよ。

完成！

2 ボリュームが出るまでくり返す
1を何回かくり返してボリュームが出てきたらできあがり！

その5 ♥ かくしピン

かくしピンって？

髪の毛の中にピンをかくすワザ

髪の毛の中にかくれるようにピンをさして、ヘアスタイルにボリュームを出したり、髪をすっきりさせたりするテクだよ！

結び目に！

1 ピンをタテにさす

ゴムの結び目に上から2本、ピンをさすよ。地肌にささないように注意してね。

2 毛束が上を向くようにととのえる 完成！

ピンのとび出た部分に毛束をのせるようにおろしたらできあがり！根元が立ちあがるよ。

横髪に！

1 横髪をねじってピンをあてる

横髪を外まきに1回ねじるよ。ねじり目に合わせて下からピンをあてるよ。

2 下からピンをさす 完成！

ねじってできたつつ状のスペースにピンをさして、ベースの髪といっしょにとめればできあがり！

パート2

今日はどれにする？
テイスト別アレンジ

基本テクニックを使った
さらにオシャレなアレンジを紹介するよ。
「ガーリー」や「スポーティー」など
テイスト別にわかれているから、
今日の気分で選んでね♪
季節ごとの
アレンジ×ファッション講座もあるよ！

ゆるふわガーリー 三か条

その1 横のボリュームやふんわり感を意識して！

その2 ひめ毛があるとさらにかわいい！

その3 ピンクや赤のヘアアクセでかわいさアップ！

かわいく見せるために少量のひめ毛を残したり、あみ目や結び目を適度にほぐそう。でも、やりすぎるとボサボサに見えてしまうから注意してね！

細みつあみ入りツイン

ツインテール＋みつあみで元気いっぱい！ リボンやポンポンなどの飾りつきゴムをつけてかわいく♪

レベル ⭐︎☆☆
⏰ 10分

🟢 ロング
🟠 ミディアム
⚪ ショート

用意するもの
♥ 太ゴム2本 ♥ 細ゴム4本

パート2 テイスト別アレンジ ゆるふわガーリー

1 高めの位置でふたつ結びする

髪全体をふたつにわけ、太ゴムで高めにふたつ結びをするよ。

2 細いみつあみを作る

1で結んだ毛束のうち、少量をすくってきつめにみつあみしていくよ。

完成！

3 合計4本みつあみする

右に2本、左に2本みつあみを作って毛先を細ゴムで結んだらできあがり！

ふたつ結び × くるりんぱ

キャンディツイン

キャンディみたいな見た目がキュート♡ いつものツインに変化をつけちゃおう！

レベル ⭐︎☆☆
⏰ 5 分

🗨 ロング
🗨 ミディアム
🗨 ショート

用意するもの
♥ 細ゴム6本

1 耳上の髪をくるりんぱする

髪全体をふたつにわけたら、耳より上の髪を結んでくるりんぱして引きしめるよ。

完成！

2 くるりんぱをして髪をほぐす

❶の毛束と残りの髪の半分を耳の下でくるりんぱしたら、間の髪を引っぱって丸みを出すよ。最後にもう一度結んでくるりんぱしたらできあがり！

飾りつきゴムをプラス！

結び目に飾りつきのゴムを使うとガーリー度アップ！

84

×

ねじりバッテン

ねじった髪をピンでバッテンにとめるだけ！ ささっと作れるお手軽アレンジだよ。

パート2 テイスト別アレンジ ゆるふわガーリー

1 耳上の髪を外まきにねじる

耳より上の髪を少しとって、外まきにねじりながら後ろに持っていくよ。

2 ピンでとめる

耳のナナメ上あたりまでねじったら、片手でおさえてピンでとめるよ。

 完成！

3 バッテンにとめる

バッテンになるようにピンで固定したら、反対側も同じようにとめてできあがり！

ねじる × ブロック結び

ねじりカチューシャ

ねじってゴムで結ぶだけ！ どんな長さでも5分でできちゃうかんたんアレンジだよ！

レベル ⭐⭐⭐
⏰ 5分

🎀 ロング
🎀 ミディアム
🎀 ショート

用意するもの
♥ 細ゴム1本

① 毛束をすくって外まきにねじる

イラストの赤い部分の髪をとって、2本にわけたらダブルツイスト（→36ページ）するよ。

② ゴムで結ぶ

耳上までねじったら、細ゴムでしっかり結んでできあがり！

完成！

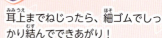

リボンをプラス！

結び目の上からリボンでリボン結びをするとかわいさアップ！

ハーフ結び × 逆毛

うさ耳ツイン

ハーフツインのつけ根に逆毛を立てるだけで、うさぎの耳みたいなかわいいアレンジの完成♥

レベル ⭐☆☆

🕐 5分

○ ロング
○ ミディアム
○ ショート

用意するもの
♥ コーム ♥ 細ゴム2本

パート2 テイスト別アレンジ ゆるふわガーリー

① トップの髪を高めの位置で結ぶ

髪全体をふたつにわけ、それぞれに高めの位置でハーフ結びするよ。

② 逆毛をたてる

コームを使って根元に逆毛(→77ページ)をたてたらできあがり！

完成！

カチューシャをプラス！

リボンつきのカチューシャでキュートさが倍増するよ♡

87

みつあみ × くるりんぱ

くるりんみつあみ

顔まわりスッキリなかんたんアレンジ。2本のみつあみがヘアアクセみたいでかわいいよ。

レベル ⭐
⏰ 10分

- ロング
- ミディアム
- ショート

用意するもの
♥ 細ゴム1本 ♥ ピン1本

1 耳上の髪をみつあみする
耳上の髪をタテ長にとり、後ろに引っぱりながらきつめにみつあみしていくよ。

2 片側を仮どめする
毛先まであんだら、ピンであみ終わりをおさえて仮どめしておくよ。

3 反対側を合わせてくるりんぱする
反対側も同じようにあんだら、2でとめておいた毛束と合わせて細ゴムで結んでくるりんぱをしてできあがり！

完成！

たらしだんご × みつあみ

ゆるツインだんご

低めのたらしだんごの結び目に、みつあみをまきつけたらかわいさ100点満点！

レベル ⭐⭐☆
⏰ 10分

- ロング
- ミディアム
- ショート

用意するもの
♥ 太ゴム2本　♥ 細ゴム2本
♥ ピン2〜4本

1 たらしだんごを作る
髪全体をふたつにわけたら耳の少し下でたらしだんごを作るよ。ひめ毛（➡75ページ）を多めに残そう。

2 毛先をみつあみする
たらしだんごでたれさがった毛先をみつあみするよ。先まであんだら細ゴムで結ぼう。

> もっとかんたんに！
>
> みつあみを作らずに結び目かくし（➡76ページ）するだけでもかわいいよ！

3 みつあみをまきつける

みつあみの毛先を、太ゴムをかくすようにだんごの根元にまきつけるよ。

4 ピンで毛先をとめる

毛先までまきつけたら、ピンでとめてしっかり固定してね。

5 だんごの形をととのえる

だんごをやさしく広げよう。ふわっとして、かわいくなるよ。

 完成！

6 反対側も同じように作る

反対側も同じように作ってととのえたらできあがり！

パート2 テイスト別アレンジ ゆるふわガーリー

91

みつあみ × とめる

みつあみカチューシャ

みつあみをカチューシャ風にピンでとめるお姉さんアレンジ。顔のまわりがすっきりみえるよ。

レベル ⭐⭐
⏰ 10分

🙂 ロング
🙂 ミディアム
🙂 ショート

用意するもの
♥ 細ゴム2本　♥ ピン2〜4本

1 みつあみをする

髪全体をふたつにわけて、片方を左右に引っぱりながらきつめにみつあみしていくよ。

もっとかわいく！
みつあみのあみ目を少し引っぱってふわっとさせると、ボリュームのあるカチューシャになるよ！

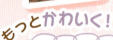

2 反対側も同じようにみつあみする

反対側の毛束も同じようにみつあみするよ。

3 みつあみを頭の上に持ってくる

みつあみした髪の毛先を反対側の耳の上に持ってくるよ。

4 毛先をピンでとめる

毛先をピンでとめるよ。細ゴムがはずれないようにしっかりさそう。

もっとしっかり！

結び目の上と下両方でとめると、よりしっかりとまるよ。

5 反対側のみつあみを巻きつける

もう片方のみつあみも3と同じように持っていくよ。このとき4でとめたピンをかくすようにのせてね。

6 毛先をピンでとめる

先にとめたみつあみの根元に毛先をかくすようにピンでとめたらできあがり！

完成！

パート2 テイスト別アレンジ　ゆるふわガーリー

くるりんぱ × ブロック結び

アシメくるりんぱ

左右のくるりんぱの高さを変えるだけ！かんたんなのにこったスタイルに見える優秀アレンジ♡

レベル ⭐☆☆

⏰ 5 分

🙂 ロング
🙂 ミディアム
🙂 ショート

用意するもの
♥ 細ゴム2本

1 髪の毛を7：3にわける

トップの髪をまん中より少し横でとって反対側へ持っていき、髪の毛全体を7：3にわけるよ。

2 高めの位置で髪を結ぶ

わけ目の多い方の顔まわりの髪をハーフ結びにして高い位置で結ぶよ。

もっと上手に！

1回くるりんぱするごとに毛先を下に引っぱると、表面がキレイになるよ。

③ 2回くるりんぱする

②の結び目を少し下げて2回連続でくるりんぱをするよ。

もっと上手に！

反対側は耳のすぐ上で結ぶようにして高さの差を出そう。

④ 反対側は少し低めで結ぶ

反対側の髪を耳のすぐ上でハーフ結びするよ。

⑤ 耳の位置でくるりんぱする

④で結んだ髪をくるりんぱするよ。少し引きしめてととのえたらできあがり！

完成！

パート2 テイスト別アレンジ ゆるふわガーリー

ダブルみつあみ

みつあみ × みつあみ

3本のみつあみをさらにみつあみにすることでボリューミーなスタイルに。ぐっと華やかになるよ！

レベル ⭐⭐☆　　🕐 15分

🔘 ロング
⚪ ミディアム
⚪ ショート

用意するもの
♥ 細ゴム3本　♥ 太ゴム1本
♥ クリップ1本

1 全体の髪を3つにわける

髪全体をふたつにわけ、左半分をクリップでとめるよ。次に、右半分の1/3を左の束といっしょにクリップでとめるよ。

2 右の毛束をみつあみする

1の右の束を耳上からみつあみし、細ゴムで結ぶよ。

たらしだんご × ハーフ結び

ダブルたらしだんご

サイドにたらしだんごをふたつ作るアレンジだよ！ かんたんにアップヘアにしたいときにオススメ♪

レベル ★★☆
⏰ 12分

🔘 ロング
🟠 ミディアム
⚪ ショート

用意するもの
♥太ゴム2本 ♥ピン2本 ♥クリップ

1 耳上の髪をハーフ結びする
耳上の髪すべてをサイドに集め、ハーフ結びをするよ。

2 たらしだんごを作る
1のハーフ結びでたらしだんごを作るよ。

ここに注意！
ひとつ目のだんごを下に作ってしまうとふたつ目のだんごが作りにくくなるから注意してね。

もっと上手に！

2個目のだんごは上のだんごと離れすぎるとかわいくなくなるから注意してね！

3 残りの髪をサイドで結ぶ

残りの髪を2の結び目の下で、たらしだんごにするよ。2の毛先がじゃまなときはクリップでとめてね。

4 毛先の向きをととのえる

上のだんごの毛先は上に、下のだんごの毛先は下にするよ。

もっとかわいく！

毛先に逆毛（→77ページ）を立てるとボリュームアップして元気な印象になるよ。試してみてね。

5 たらしだんごをふたつにわける

❶上のたらしだんごを半分にわり、
❷ピンでとめて固定させるよ。

完成！

6 髪全体をととのえる

開いただんごの毛先や、向きをととのえたらできあがり！

毛先を通しやすくするために、結び目の下に大きめにすき間を作ってまきつけるとうまくいくよ。

③ 毛先をまきつける
たらしだんごの毛先を、たらしだんごの結び目にまきつけるようにゴムの下に通すよ。

④ 毛先をピンでとめる
何回かまきつけて短くなったら、毛先を根元の髪といっしょにピンでとめて固定させるよ。

完成！

⑤ リボン部分をととのえる
リボン部分を両手で上下に広げて形をととのえればできあがり！

ちがう場所にチェンジ！

作り方は同じだから、いろんなところで作ってみてね！

パート2 テイスト別アレンジ ゆるふわガーリー

\ゆるふわガーリーさん必見！/ 　通学　♥　おでかけ

ファッション講座

通学

さわやかなドットで♥

春色カラーのトップス＆デニムの組み合わせは、王道かわいい定番のコーディネート。ひらひらのフリルをとり入れて女の子らしく♡

合わせている
アレンジはコレ！
ねじりバッテン
➡85ページ

プリントもかわいく

シンプルになりがちな夏のTシャツはプリントや柄で勝負！かわいいTシャツでまわりのみんなよりリードしちゃおう！

合わせている
アレンジはコレ！
くるりんみつあみ
➡88ページ

春　夏　冬　秋

女の子らしさ全開コーデ

冬はゆるふわ女子のための季節！　アイテムにもこもこしたものをとり入れるだけで、めちゃかわコーデの完成♡

合わせている
アレンジはコレ！
うさ耳ツイン
➡87ページ

ふわふわスカートがカギ！

カジュアルなトレーナーもふわふわのスカートでガーリーに。トレーナーは、ピッタリサイズがひざ丈スカートと相性バツグン！

合わせている
アレンジはコレ！
ダブルたらしだんご
➡98ページ

102

ゆるふわガーリーさんのコーディネートにはふわふわとフリフリが欠かせないよ！ ワンポイントでもいいからピンクを入れるとかわいさがアップ♡

おでかけ

フリル多めの乙女コーデ♡

えりやすそ、靴下などにフリルをとり入れて、とびっきり女の子らしく♪ ピンクをたして甘めになる分、落ちついた色も忘れずにね。

合わせているアレンジはコレ！
ダブルみつあみ
→96ページ

元気に柄ものを

夏は元気に柄ものの服を着て出かけよう。すそのひらひらやふわふわスカートのおかげでゆるふわ感はキープできるよ。

合わせているアレンジはコレ！
キャンディツイン
→84ページ

パート2 テイスト別アレンジ ゆるふわガーリー

春 夏 冬 秋

冬らしくもこもこに

ふわふわのマフラーとボリュームのあるミニスカートを身につけると、守ってあげたいキュートな女の子に♡

合わせているアレンジはコレ！
みつあみカチューシャ
→92ページ

フリルスカートでかわいく！

フリルつきのミニスカートとニーハイソックスを合わせれば、王道かわいいコーディネートのできあがりだよ！

合わせているアレンジはコレ！
ねじりカチューシャ
→86ページ

元気いっぱい！やんちゃスポーティーアレンジ

やんちゃスポーティー三か条

その1 できるだけ高めの位置できつめに結ぶべし！

その2 顔まわりはすっきりさせるべし！

その3 ヘアアクセは青や黄色で元気いっぱいに！

体を動かすことや、スポーティーなファッションが好きな子にオススメのアレンジ！髪の毛を高めの位置で結んだり、顔まわりをすっきりさせようね！

細みつあみポニー

ポニーテールの中に細いみつあみをプラスするだけでスポーティーに！

用意するもの
- 太ゴム1本
- 細ゴム3本

パート2 テイスト別アレンジ やんちゃスポーティー

1 高い位置でひとつ結びをする

頭のてっぺんより少し低い位置でひとつ結びするよ。左右に引っぱって結び目を引きしめよう。

2 細めのみつあみを作る

ひとつ結びにした髪の毛の中から少し毛束をとってみつあみをしていくよ。

完成！

3 同じように何個も作る

毛先までみつあみをしたらゴムで結ぼう。同じように3本くらい細いみつあみを作ったらできあがり！

逆りんぱツイン

ふたつ結び × くるりんぱ

逆りんぱで逆毛を立てれば、ボリュームのあるツインに大変身！

- レベル ⭐⭐
- 🕐 10分
- ロング
- ミディアム
- ショート

用意するもの
♥ 太ゴム2本 ♥ コーム

1 耳上の髪を逆りんぱする

髪全体をふたつにわけたら、耳上の高い位置でハーフ結びをして逆りんぱ（➡32ページ）してしっかり引きしめるよ。

2 コームで逆毛を立てる

根元の部分だけ逆毛（➡77ページ）を立てるよ。

3 毛先をピンでとめる

逆毛を立てた髪の毛が広がらないように内側の髪の毛先をピンでとめるよ。反対側も同じように作ってできあがり！

完成！

ヘアバンドポニテ

元気いっぱいなポニーテール×ヘアバンドで最強のスポーティーガールに！

レベル ⭐☆☆
⏰ 5分

🙂 ロング
🙂 ミディアム
🙂 ショート

用意するもの
♥太ゴム1本 ♥ヘアバンド

パート2 テイスト別アレンジ　やんちゃスポーティー

完成！

1 ヘアバンドをつける

①首までおろす
②髪を外に出す
③上にあげる

ヘアバンドを一度首までおろしたら、髪をすべてヘアバンドの外に出そう。そのあと前髪の上にとめるよ。

2 ポニーテールを作る

サイド高めでポニーテールを作ったらできあがり！

オールバックにチェンジ！

ヘアバンドをするときに前髪も全部入れてオールバックにするといっきにクールなスタイルに！

107

ふたつ結び × たらしだんご

たらしだんごツイン

たらしだんごを高めのツインで作るとアクティブな印象になるよ。

レベル ⭐⭐⭐
⏰ 5分
🔲 ロング
🟧 ミディアム
⬜ ショート

用意するもの
♥ 太ゴム2本

1 ふたつ結びをする
高い位置でふたつ結びをするよ。

2 毛先を出してたらしだんごに
1は結びきらずにたらしだんごにしてね。反対側も同じようにしよう。

完成！

3 髪全体をととのえる
左右のだんごの大きさと、毛先の位置をととのえたらできあがり！

うさ耳みつあみ

根元を結んでいるからみつあみが横に広がって、元気×かわいい♡

- レベル ⭐
- ⏰ 5分
- ロング
- ミディアム
- ショート

用意するもの
♥ 太ゴム2本 ♥ 細ゴム2本

パート2 テイスト別アレンジ やんちゃスポーティー

1 高めの位置でふたつ結びする
髪全体をふたつにわけ、太ゴムで高い位置にふたつ結びをするよ。

2 結び目からみつあみする
少し引っぱりながらきつめにみつあみをあんでいくよ。

完成！

3 反対側も同じようにあむ
反対側も同じようにみつあみを作ったらできあがり！

109

みつあみ × まきつけだんご

ひつじだんご

ロングヘア向けのおだんごアレンジ。みつあみをだんごにしたら、ひつじのツノみたいでキュート♡

レベル ⭐⭐
🕐 10分

🗨 ロング
🗨 ミディアム
🗨 ショート

用意するもの
♥ 細ゴム2本 ♥ ピン2本

ここがポイント！

あまり多く髪をとりすぎるとキレイにおだんごをまけなくなるから気をつけてね。

1 耳上でハーフツインをする

髪全体をふたつにわけ、耳上の髪を少しとってハーフツインにするよ。

2 毛束をみつあみする

1で結んだ毛束をきつめに根元からみつあみしていくよ。

もっとかわいく!

みつあみは立体的にならないようにたいらにまきつけるとひつじみたいにかわいくなるよ。

パート2 テイスト別アレンジ やんちゃスポーティー

3 根元からまきつける

毛先まであんだら、根元をかるくおさえながら、毛先をまきつけていくよ。

4 毛先をピンでとめる

毛先までまきつけたら、ピンでとめて固定させるよ。

完成!

5 反対側も同じように作る

反対側も同じように毛束をみつあみしてまきつけたらできあがり!

\もっと上手に！/

3で作ったみつあみは、黒や茶色など、地味な色のゴムで結ぼう。目立たない方が自然なしあがりに。

パート2 テイスト別アレンジ やんちゃスポーティー

3 反対側もみつあみをする

反対側も同じ位置で細くみつあみするよ。毛先まであんだらゴムで結んでね。

4 みつあみといっしょに耳より上の髪をすくう

3のみつあみといっしょに、耳より上の髪の毛をすくって結びたい位置に集めるよ。

5 たらしだんごを作る

4の毛束を、太ゴムを使ってたらしだんごにするよ。

完成！

6 形をととのえる

細いみつあみがきれいに見えるように形をととのえたらできあがり。

113

ねじる × まきつけだんご

サイドねじりだんご

ゆるく見えるサイドだんごも、しっかり補強してくずれにくくしあげればスポーツもできちゃうよ！

レベル ⭐⭐☆
⏰ 10分

🎀 ロング
　 ミディアム
　 ショート

用意するもの
♥ 細ゴム1本 ♥ 太ゴム1本

1 髪全部をねじって結ぶ

髪全部をサイドにまとめ、2本にわけてダブルツイスト（➡36ページ）したら毛先を細ゴムで結ぶよ。

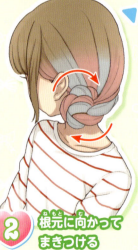

2 根元に向かってまきつける

ねじりきったら1と同じ向きで毛束ごと根元へまきつけるよ。

ちょっと変えて♪

「ねじる」をみつあみに変えてもOK！

根元と毛先を
しっかりとめる！

3 毛先までまきつける

毛先までまきつけたら、だんごを片手でおさえながら太ゴムを通すよ。

4 太ゴムでだんごを結ぶ

太ゴムでおだんごの根元と毛先がばらばらにならないように結び固定するよ。

完成！

5 髪全体をととのえる

おだんごからとびでている髪があれば、指でおしこんでととのえてできあがり。くずれてきそうだったら、ピンで数か所とめてね。

パート2 テイスト別アレンジ やんちゃスポーティー

帽子をプラス！

結び目の位置が低いので、帽子との相性バツグンだよ！

\やんちゃスポーティーさん必見！/ 通学 ♥ おでかけ

ファッション講座

通学

明るい色で かわいく★

動きやすいパンツとロンTでアクティブに。赤や水色の明るい色でかわいらしさもわすれずにね！

合わせている アレンジはコレ！
逆りんぱ ツイン
→106ページ

サロペットで 元気に♪

真っ白のサロペットは短パンで元気に☆ビタミンカラーを入れて夏らしさも出してかわいく。

合わせている アレンジはコレ！
うさ耳みつあみ
→109ページ

春 夏 冬 秋

寒くても 明るい色を

寒い冬も、オレンジや黄色などの明るい色で元気にすごそう！大きなパーカーには細めのパンツが相性バツグン☆

合わせている アレンジはコレ！
たらしだんご ツイン
→108ページ

秋色でも 元気っ子！

カーキや茶色などの暗めな色味の全身コーディネートも、短めのスカートをはいて元気っ子スタイルでキメ！

合わせている アレンジはコレ！
細あみ ハーフだんご
→112ページ

やんちゃスポーティーさんのコーディネートのポイントはやっぱり動きやすさが一番！元気だけど、男の子っぽくなりすぎないように注意してね！

おでかけ

パステルカラーで春めいて♪

全身白のコーディネートに、パステルカラーの派手柄上着をはおればスポーティー度がさらにアップするよ！

合わせているアレンジはコレ！
ヘアバンドポニテ
→107ページ

ミニ丈でスポーティーに

一番動きまわりたくなる夏は、ショートパンツで元気よく！子どもっぽくなりすぎないようデニムでおとなかわいくね♪

合わせているアレンジはコレ！
ひつじだんご
→110ページ

パート2 テイスト別アレンジ やんちゃスポーティー

春 夏 冬 秋

スポーティとゆるかわミックス

冬はふだんスポーティーな女の子もゆるかわいくなりたい気分♪ ニット帽＆ミニスカートで女の子らしく。

合わせているアレンジはコレ！
サイドねじりだんご
→114ページ

きれいめボーイッシュ

男の子っぽくなりがちなコーデには、女の子らしいふたつ結びを合わせるとバランス◎！

合わせているアレンジはコレ！
うさ耳みつあみ
→109ページ

117

まじめな優等生 しっかりスクールガールアレンジ

しっかりスクールガール三か条

その1 勉強のじゃまにならないよう
顔まわりはすっきりと！

その2 ヘアアクセはさりげなくつけて
派手な色はさけるべし！

その3 **迷ったら低めで結ぶ**べし！

スクールガールアレンジは、顔まわりをスッキリさせるのがポイント！　横幅が出すぎるアレンジをさけるとよりスクールガールらしくなるよ♪

くるりんぱハーフツイン

横髪をすっきりまとめるヘアアレンジだよ。ふたつくるりんぱするだけだから超ラクチン♪

用意するもの
♥ 細ゴム2本

パート2 テイスト別アレンジ　しっかりスクールガール

1 耳上の髪をハーフ結びする

髪全体をふたつにわけ、耳より上の髪をハーフ結びするよ。

2 結んだ毛束をくるりんぱする

1の毛束をくるりんぱするよ。結び目はしっかり引きしめようね。

3 反対側もくるりんぱをする

反対側の毛束も同じようにくるりんぱをしてできあがり！

完成！

三段ハーフ結び

ハーフ結び × ブロック結び

ハーフ結びを3つつなげで結ぶから、ボリュームのあるアレンジになるよ。ひとつ結びにあきたらコレ！

レベル ★★☆
⏰ 10分

🟠 ロング
🟠 ミディアム
⚪ ショート

用意するもの
💚 細ゴム3本

1 耳上2/3の髪を結ぶ
耳より上の髪の2/3をハーフ結びするよ。

2 残りの髪の半分をハーフ結びする
残りの髪の半分を、1の毛束といっしょにハーフ結びし、結び目の間の髪をつまみ、ふんわりさせるよ。

完成！

3 残りの髪をひとつ結びする
残りの髪を、2の毛束といっしょに結んで、間の髪をふんわりさせたらできあがり。

ダブルツイン

くるりんぱをしてから作るツインテールだよ。時間がない朝でもパパッとできちゃう！

パート2 テイスト別アレンジ しっかりスクールガール

1 耳上の髪をくるりんぱする

髪全体をふたつにわけたら耳より上の髪をとり、ゴムで結んでくるりんぱをするよ。

完成！

2 残りの髪をふたつ結びする

1の毛束といっしょにふたつ結びをし、反対も同じようにしたらできあがり！

カチューシャをプラス！

お気に入りのカチューシャをつけておでかけの日のコーディネートに合わせよう。つけるだけで華やかな雰囲気になれちゃうよ。

ふたつ結び × みつあみ
ゆるあみツイン

毛先をたくさん残して大人っぽいみつあみアレンジに☆ ロングヘアの子にオススメだよ！

レベル ⭐☆☆

⏰ **5分**

- ロング
- ミディアム
- ショート

用意するもの
♥ 細ゴム2本

▶ ▶ ▶ ▶ ▶

 完成！

1 みつあみを2回して太ゴムで結ぶ

髪全体をふたつにわけ、耳より下あたりからゆるめに2回みつあみをするよ。毛先を多めに残して細ゴムで結ぼう。

2 あみ目を指先でほぐす

反対側も同じようにみつあみして結んだら、少しだけあみ目をほぐしてできあがり！

前髪をアレンジ！

前髪を上げてピンでとめるだけ！気に早がわり♪　活発な雰囲

ハーフ結び × 結び目かくし
パイナップルハーフアップ

高めに結んだ毛束がパイナップルのように横に広がって元気いっぱいに見えるヘアスタイルだよ。

- レベル ⭐☆☆
- 🕐 5分
- ロング / ミディアム / ショート

用意するもの
♥ 太ゴム1本　♥ ピン

パート2 テイスト別アレンジ　しっかりスクールガール

---

1 耳上の髪をハーフ結びする

耳上の髪を高い位置でハーフ結びして太ゴムで結ぶよ。

2 結び目かくしをする

1で結んだ毛束で結び目かくし（➡76ページ）をするよ。

3 髪全体をととのえる

毛先が顔の横にたれるように引きしめたらできあがり！

完成！

ここがポイント！

結び目のすぐ上を持ちながらまきつけていくとかんたんに作れるよ！

3 根元にまきつける

3でねじった向きと同じ向きにねじって毛束の根元にまきつけだんごを作ったら、毛先をとめるように上から太ゴムで結ぶよ。

完成！

4 反対側も同じように作る

反対側の毛束も同じように作ったらできあがり！

ヘアクリップをプラス！

休日はだんご部分にヘアクリップをつけると元気ではじけたスタイルに。

パート2 テイスト別アレンジ しっかりスクールガール

125

ふたつ結び × くるりんぱ

くるりんぱツイン

ゆるめのくるりんぱツインテールに
リボンを結ぶだけで、学園マンガの
ヒロインみたいになれちゃうよ♪

レベル ⭐☆☆

⏰ 5分

👱 ロング
👱 ミディアム
👱 ショート

用意するもの
♥ 細ゴム2本 ♥ リボン

1 耳の下で ふたつ結びをする
髪全体をふたつにわけ、ひめ毛（➡
75ページ）を残して低い位置でふ
たつ結びをするよ。

2 ゆるめに くるりんぱをする
1の結び目を少し下げてゆるめのくるり
んぱをするよ。

もっときちっと！

ひめ毛を残さず、顔まわりをすっきりまとめると、しっかり感がアップするよ。

③ 結び目をリボンで飾る

結び目の上からリボンでリボン結びをするよ。

完成！

もっとかわいく！

リボンの長さは、髪の長さに合わせて調節してね！ ロングヘアの子は、長めのリボンで結ぶとかわいいよ。

④ 髪全体をととのえる

反対側も同じように結んだらできあがり！

パート2 テイスト別アレンジ　しっかりスクールガール

ピンにチェンジ！

リボンが禁止のときは、ピンを結び目の上につけてアレンジしてもおしゃれだよ♪

ひとつ結び × みつあみ
あみこみ風ヘア

あみこみができなくても、かんたんにあみこみ風に見せちゃうことができるオススメテクニックだよ！

- レベル ⭐☆☆
- ⏰ 10分
- 🟠 ロング
- 🟣 ミディアム
- ⚪ ショート

用意するもの
♥細ゴム3本 ♥シュシュ

1 耳上の髪をみつあみする
耳上の髪を、つけ根からきつめにみつあみして、結ぶよ。

2 反対側も同じようにあむ
反対側の耳上の髪も同じようにきつめにみつあみして、毛先を結ぶよ。

ここがポイント！

シュシュは後ですぐにはずすから、ゆるめに結んであとがつかないように気をつけようね！
シュシュがない人はクリップでもOK。

3 ②以外の髪を仮結びする

②でみつあみした毛束以外の髪をじゃまにならないようにシュシュで仮結びしておくよ。

4 みつあみの毛束を首の後ろで束ねる

両方のみつあみを首の後ろに持っていき、シュシュの下で2本まとめてしっかり結ぶよ。

完成！

5 シュシュをほどいて全体をととのえる

シュシュをほどき、結び目をかくすように上から髪をかぶせればできあがり！

パート2 テイスト別アレンジ しっかりスクールガール

ハーフ結び × たらしだんご

ハーフたらしだんご

耳上の髪だけたらしだんごにして、下はひとつ結びにするよ。ロングヘアの人にオススメ！

レベル ★★☆
⏰ 10分

- ロング
- ミディアム
- ショート

用意するもの
♥太ゴム2本 ♥ピン

1 耳下の髪をひとつ結びする

耳より上の髪はまとめてクリップでとめておき、残りの髪を低めの位置でひとつ結びするよ。

2 耳上の髪をまとめる

とめていたクリップをはずし、1の結び目の上で毛束をまとめるよ。

もっとかわいく！

たらしだんごを作ったら、両手の指先でだんご部分をほぐしてふわっとさせるとかわいさがアップするよ！

3 たらしだんごを作る

結び目のま上で2の毛束をたらしだんごにするよ。

4 おだんごの毛先をまきつける

たらしだんごのあまった毛束が1の結び目の下を通るように、まきつけていくよ。

5 毛先をピンでとめる

毛先までまきつけたらピンでとめて固定するよ。

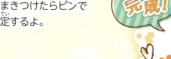

完成！

6 髪全体をととのえる

髪の表面がキレイになるようにととのえたらできあがり！

パート2 テイスト別アレンジ　しっかりスクールガール

131

> もっとかわいく！
>
> 2回目のくるりんぱのあとは、ぎゅっと引きしめすぎるとボサボサになってしまうので気をつけてね。

3 新しい穴を作る

2でずらした毛束のすぐ上に新しくすきまを作るよ。

4 もう一度くるりんぱをする

3で作ったすきまにもう一度くるりんぱをして引きしめるよ。

5 髪の表面をととのえる

くるりんぱしたあと髪の表面をととのえたらできあがり！

完成！

パート2 テイスト別アレンジ　しっかりスクールガール

帽子をプラス！

耳下のヘアアレンジなので、帽子アレンジがピッタリ！　カンカン帽をナナメにかぶると上品なオシャレさんに。

\しっかりスクールガールさん必見！/

ファッション講座

通学

明るい色で さわやかに

シンプルなTシャツには、明るい色の上着を合わせて、春らしくさわやかに。くつ下はふたつに折るとかわいいよ。

合わせている
アレンジはコレ！
くるりんぱ
ハーフツイン
→119ページ

ひらひらで 女の子らしさを

Tシャツのすそや、くつ下のひらひらで女の子らしく♡ ショートパンツを合わせれば甘くなりすぎないよ♪

合わせている
アレンジはコレ！
三段ハーフ結び
→120ページ

春 夏 冬 秋

Pコートで かっちり

Pコートは冬のスクールガールの定番♪ ピッタリめのパンツを合わせると、お友だちより一歩お姉さんになれるよ。

合わせている
アレンジはコレ！
ダブルツイン
→121ページ

落ち着いた 色であわせて

落ち着いた色のカーディガンで優等生感を。短めのスカートにハイソックスを合わせると、スクールガールらしさがアップ！

合わせている
アレンジはコレ！
ハーフたらしだんご
→130ページ

しっかりスクールガールさんのコーディネートのポイントは、シンプルイズベスト♥ 柄も、定番のチェックやボーダーを使ってさわやかに着こなそう。

おでかけ

デニムでさわやかに

ロングシャツはボタンを開けてはおるとラフでかわいいよ。ちらっと見えるデニムのショートパンツでバランスもバッチリ。

合わせているアレンジはコレ！
くるりんぱツイン
➡ 126ページ

インで足長に！

ラフになりがちなTシャツも、スカートの中にインするだけでオシャレさんに。ハイウエストのスカートは、足長効果バツグン！

合わせているアレンジはコレ！
アシメツインだんご
➡ 124ページ

パート2 テイスト別アレンジ しっかりスクールガール

春 夏 冬 秋

キャップでかっこよく

落ち着いた印象のロングコートには、かっこいいキャップを合わせてコーディネートにアクセントをつけてね。

合わせているアレンジはコレ！
サイド連続くるりんぱ
➡ 132ページ

キュロットでかわいさアップ！

シンプルなパーカーのトップスは、すその広がっているキュロットを合わせると女の子らしくなるよ。

合わせているアレンジはコレ！
あみこみ風ヘア
➡ 128ページ

135

キラかわ清楚アレンジ

お姉さん風！

キラかわ清楚三か条

その1 結び目は低めに！

その2 タテ長ラインですっきりまとめる！

その3 大人っぽいむらさきや、うすピンクのヘアアクセを使うべし！

ほかのテイストよりもちょっとお姉さん風なのが清楚アレンジ。基本的に結び目は低めにして、上品なお姉さんを目指そうね。

ふたつ結び × みつあみ
みつあみリング

みつあみをリングのようにまとめておしとやかなお嬢さま風に。みつあみのかんたんアレンジだよ。

レベル ★☆☆☆
⏱ **10分**

- ロング
- ミディアム
- ショート

用意するもの
細ゴム4本 太ゴム2本

パート2 テイスト別アレンジ　キラかわ清楚

1. 髪全体をみつあみする
髪全体をふたつ結びにしてみつあみをするよ。毛先まであんだら細ゴムで結ぼう。

2. 輪にして太ゴムで結ぶ
みつあみを耳の下で輪にしたら、毛先と根元をいっしょに結ぶよ。

3. 反対側も輪にして太ゴムで結ぶ
反対側のみつあみも同じように輪にして結べばできあがり！

完成！

ブロック結び × 裏あみこみ
サイド裏あみこみ

髪が短くてもできるアレンジ。シンプルだけど、存在感バツグンの裏あみこみでおしゃれ上級者に♪

レベル ★★☆
⏰ 15分

🔲 ロング
🔲 ミディアム
🔲 ショート

用意するもの
細ゴム1本 ♥ バレッタ

パート2 テイスト別アレンジ　キラかわ清楚

1 7:3になるように髪をとる
まん中より少し横から髪をとって7:3になるように、サイドに髪を持ってくるよ。

2 耳の上まで裏あみこみをする
1の髪を裏あみこみし、毛先をゴムで結ぶよ。

完成！

3 裏あみこみの根元にバレッタをつける
バレッタをあみこみの根元につけたらできあがり！

ふたつ結び × 結び目かくし
結び目かくしゆるツイン

いつものふたつ結びも、結び目をさげてゆるめるだけで落ち着いた印象に。結び目をかくすのもポイント。

レベル ⭐☆☆ ／ 5分

ロング／ミディアム／ショート

用意するもの
♥細ゴム2本 ♥ピン2本

1 低めの位置でふたつ結びをする

髪全体をふたつにわけ、耳下の低い位置でふたつ結びをする。

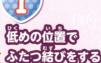

② 少し引っぱる
① 下げる

2 結び目をずらしてゆるめる

結び目を下に2〜3cmずらしたら、結び目の上がたるむように引っぱってゆるめるよ。

完成！

3 毛束をとって結び目をかくす

結び目かくし（➡76ページ）をしたら、イラストのようにタテにピンをさして毛先をとめるよ。反対側も同じようにしたらできあがり！

ハーフ結び × たらしだんご

ハーフたらしだんご

たらしだんごは清楚アレンジと相性バツグン。おだんごを下に向けることで上品さアップ！

レベル ⭐

⏰ 5分

🎀 ロング
🎀 ミディアム
🎀 ショート

用意するもの
♥ 太ゴム

パート2 テイスト別アレンジ **キラかわ清楚**

---

1 7：3になるように髪をとる

まん中より少し横から髪をとってサイドに持ってくるよ。

▶▶▶

2 耳上の髪をサイドに集める

耳より上の髪を、耳の少し下に集めるよ。

▼▼▼

完成！

3 たらしだんごを作る

たらしだんごを作り、だんご部分が下を向くように両手で少し引っぱったらできあがり！

141

③ ねじりを後ろにもっていく

ねじった2本を、後頭部でまとめて結ぶよ。

④ バレッタをつける

結び目の上にバレッタをつけよう。結び目の下につけるとバレッタがとれちゃうから注意してね。

⑤ ねじり目をほぐす

結び目を手でおさえながらねじり目の毛束を指でつまんでほぐしてふわっとさせるよ。反対側も同じようにほぐそう。

完成！

⑥ 髪の毛全体をととのえる

毛束の高さやバレッタの位置をととのえたらできあがり！

もっとかわいく！
みつあみを結んだ後に、あみ目を指先でつまんでふわっとさせるとかわいいよ。

③ みつあみをする
耳の下あたりからみつあみをするよ。あまりきつくあまずに毛先を10cmくらい残してゴムで結ぶよ。

完成！

④ 反対側も同じようにみつあみする
反対側も同じように結んだらできあがり！

ヘアクリップをプラス！

あみ目にヘアクリップをつけるといっきにオシャレ度があがるよ。お気に入りのクリップをつけてみてね。

パート2 テイスト別アレンジ キラかわ清楚

みつあみ × ハーフ結び

みつあみクロス

ハーフ結びに細いみつあみをまきつけたら、童話のおひめさまみたいになれちゃうよ。

レベル ★★☆
⏰ 15分

- ロング
- ミディアム
- ショート

用意するもの
- ♥ 太ゴム1本　♥ 細ゴム5本
- ♥ ピン2本　♥ ヘアクリップ

1. 細いみつあみをする
耳上の髪をとって細くみつあみをし、毛先を細ゴムで結ぼう。反対側も細いみつあみをするよ。

2. トップの髪もみつあみする
トップより少し下の毛束をとって細いみつあみをして毛先を細ゴムで結ぶよ。反対側も同じようにあもう。

3 みつあみをクリップでとめる

4本みつあみを作ったら、いったん顔の前でクリップでとめておくよ。

4 ハーフ結びをする

4本のみつあみをのぞいた耳上の髪を細ゴムでハーフ結びしたら、クリップをはずして、③のみつあみを右耳のうしろにピンでとめるよ。

もっとかわいく！

❷と❸のみつあみの毛先を隠すように❶と❹を持っていくとキレイにしあがるよ！

5 みつあみをクロスさせてとめる

❷のみつあみは❸のみつあみの上を通ってバッテンになるようにして、左耳の後ろにピンでとめるよ。

完成！

6 残りのみつあみをまとめて結ぶ

❶と❹のみつあみをハーフ結びの毛束といっしょに太ゴムで結んだらできあがり。

みつあみ × とめる

なんちゃってボブ

髪の長い人でもボブっぽく見せることができるなんちゃってボブは、イメチェンしたいときにオススメ！

レベル ★★
⏰ 10 分

- ロング
- ミディアム
- ショート

用意するもの
♥ 細ゴム2本 ♥ ピン2〜4本

1 みつあみを作る

髪全体をふたつにわけ、ゆるめにみつあみをして毛先を細ゴムで結ぶよ。

2 指先であみ目をほぐす

結び目をおさえながら、指先で少しだけあみ目をほぐしてふわっとさせるよ。

③ みつあみをまいていく
毛先を内まきにぐるっとまいていくよ。

④ 毛先までまきつける
あごのラインに毛束がくるまでまいていくよ。

⑤ ピンで毛先をとめる
毛先をみつあみの根元にピンでとめるよ。1本でとまらなかったら2〜3本使おう。

完成！

⑥ 反対側も同じように作る
反対側も左右対称になるように作ったらできあがり！

パート2　テイスト別アレンジ　キラかわ清楚

149

みつあみまとめヘア

みつあみ × とめる

みつあみを後ろですっきりまとめた大人っぽいアレンジだよ。

レベル ⭐⭐
⏰ 10分

- ロング
- ミディアム
- ショート

用意するもの
♥ 細ゴム2本 ♥ ピン2本

ちょっと変えて♪

> みつあみになれてきたら裏あみこみに変えてみよう。

1 みつあみをする
髪全体をふたつにわけたらみつあみをするよ。毛先まであんだらゴムで結ぼう。

2 指先であみ目をほぐす
結び目を手でおさえながらあみ目の毛束を指でつまんで少しだけほぐすよ。

パート2 テイスト別アレンジ　キラかわ清楚

3 反対側もみつあみをする
反対側の髪もみつあみをしたら、あみ目をほぐしておこう。

4 みつあみを耳の後ろにもってくる
片方のみつあみを反対側の耳の後ろまで持ってきたら、毛先をピンでとめるよ。

① 耳の後ろまで持ってくる
② ピンでとめる

5 反対側のみつあみも同じようにとめる
もう片方のみつあみも同じように耳の後ろに持ってきてピンでとめよう。おちてくるときは何本かピンをたそう。

6 髪全体をととのえる
みつあみがきちんととまっているかカクニンし、表面のでこぼこをととのえたらできあがり！

完成！

151

\キラかわ清楚さん必見！/

ファッション講座

通学

はなやかなパステルカラー

クリーム色や水色、うすピンクなど、パステルカラーのカーディガンでお上品な女の子に。スカートもふんわりが◎。

合わせているアレンジはコレ！
サイド裏あみこみ
➡ 139ページ

えりつきでオシャレさんに

ノースリーブのワンピースはえりつきのものを選ぶとラフすぎずオシャレさんに。ふたつ結びのアレンジと合わせるとバランスがいいよ。

合わせているアレンジはコレ！
くるりんぱみつあみ
➡ 144ページ

タートル×Pコートが◎

ボタンをしめたPコートのえりからのぞく、タートルネックがオシャレ！冬はタイツをはいて防寒も忘れずに。

合わせているアレンジはコレ！
みつあみクロス
➡ 146ページ

シンプルに大人っぽく

首のつまったトップス×ハイウエストのスカートは清楚さんのてっぱんコーデ。シンプルでも上品にキマるよ。

合わせているアレンジはコレ！
ハーフたらしだんご
➡ 141ページ

キラかわ清楚さんのコーディネートのポイントはふわっとしたスカートとやさしい色味だよ！ 肌は出しすぎないで、お上品な女の子を目指そう。

おでかけ

パート2 テイスト別アレンジ キラかわ清楚

スカートはひざ丈が◎

キャミワンピと相性バツグンのパフスリーブで、ふんわり上品な女の子に。スカートはひざ丈にすると清楚度アップだよ♪

合わせているアレンジはコレ！
みつあみまとめヘア
➡150ページ

ロングスカートで上品に

日焼け防止にもなるロングスカートはグッと大人っぽくなるアイテムのひとつ。麦わら帽子ですずしげな印象に。

合わせているアレンジはコレ！
結び目かくしゆるツイン
➡140ページ

春 夏 冬 秋

細めのベルトがポイント♪

コートのすそからのぞくスカートがかわいい♡細めのベルトできゃしゃな女の子を演出♪コーデのアクセントにも。

合わせているアレンジはコレ！
ねじりハーフ
➡142ページ

ベレー帽で芸術の秋

芸術の秋はベレー帽をかぶったコーデがオススメ。シンプルなコーデでもいっきにオシャレになれちゃうよ。

合わせているアレンジはコレ！
みつあみリング
➡137ページ

ボーイッシュな 辛口ロックガール アレンジ

辛口ロックガール 三か条

その1 顔まわりの髪は**上にあげてすっきり**させる！

その2 ひたすら**ボリューム命**！

その3 みつあみ・あみこみの**あみ目はきつく&細く**！

髪を結ぶときはできるだけ高い位置できつめに結ぶようにしよう。前髪は全部上にあげるか、横に流しておくと◎。ヘアアクセは黒いものがよく合うよ。

ハーフ結び × 逆毛

かきあげハーフ

耳横の髪をかきあげて結ぶだけのロックスタイル。アシメなスタイルがかっこいい！

レベル ⭐︎☆☆☆

⏰ 5分

- ロング
- ミディアム
- ショート

用意するもの
♡ 太ゴム1本 ♡ コーム

パート **2** テイスト別アレンジ

辛口ロックガール

1 耳上の髪をかきあげる

かきあげたい方の耳上の髪を、前髪の端1/4といっしょにかきあげるよ。

2 高い位置でハーフ結びをする

高い位置までかきあげたら太ゴムでしっかりハーフ結びをするよ。

完成！

3 コームで逆毛をたてる

コームで根本だけ逆毛（→77ページ）を立てればできあがり！

155

ひとつ結び × ねじる
ポンパポニテ

いつものポニーテールも、前髪ポンパを加えるだけでいっきにかっこいいヘアスタイルに大変身♪

- レベル ⭐☆☆☆
- ⏰ 10分
- 👤 ロング
- 👤 ミディアム
- 👤 ショート

用意するもの
太ゴム1本 ♥ ピン1本

1 高い位置でひとつ結びをする
ひめ毛を残したまま高い位置でひとつ結びをするよ。顔を下に向けると集めやすいよ。

2 前髪をねじる
前髪をとって1回ねじるよ。

完成！

3 毛先をピンでとめる
前髪を後ろに持っていったら、根元がふわっとなるように毛先をピンでとめてできあがり！

サイドくるりんぱ

細くとった毛束を、横並びでくるりんぱするだけ！ かわいいくるりんぱも、きつく結べばロックに☆

用意するもの
細ゴム4本

パート2 テイスト別アレンジ ／ 辛口ロックガール

1 前髪と横髪をくるりんぱする
前髪と耳前の髪を取り、きつめのくるりんぱをするよ。

2 耳上の髪をとる
1のすぐとなりの毛束を同じ量とるよ。

3 くるりんぱを4回くり返す
2をくるりんぱするよ。このとき1の結び目より少し下に結び目がくるようにしよう。これを4つ作ったらできあがり！

完成！

ふたつ結び × 逆毛

ボリュームツイン

ガーリーなふたつ結びも、逆毛を立ててボリュームをつければロックなスタイルになるよ。

レベル ★☆☆ ☐ ロング
⏰ 5分 ☐ ミディアム
☐ ショート

用意するもの
・太ゴム2本 ・コーム ・ピン2本

▶▶▶

1 耳上の位置でふたつ結びをする
ひめ毛を少し残して、耳上の位置でふたつ結びをするよ。

2 毛束を取り結び目かくしをする
結んだ毛束のうちの少量をとり、結び目かくし（→76ページ）をするよ。

3 コームで逆毛をたてる
コームで逆毛（→77ページ）を立ててボリュームを出したらできあがり！ もっとボリュームアップしたいときは、寝る前にみつあみパーマ（→74ページ）を作ろう。

完成！

ボリュームだんご

みつあみパーマ × まきつけだんご

ふつうのまきつけだんごよりも、大きなおだんごにすることで強気ガールに。前髪はスッキリまとめて♪

 ロング
 ミディアム
ショート

レベル ★★★
⏰ 5分

用意するもの
太ゴム1本　ピン2〜4本

パート2 テイスト別アレンジ 辛口ロックガール

ここがポイント！

いつもより数を多めにこまかくみつあみを作っておくと、しっかりパーマがかかるよ。

1 みつあみパーマを作っておく

みつあみパーマ（→74ページ）をしておくよ。くしはつかわず手ぐしでトップでひとつ結びするよ。

2 まきつけだんごにする

ゆるめにまきつけだんごを作ればできあがり。

完成！

ひとつ結び × みつあみ

みつあみまきつけポニー

ポニーテールにみつあみをまきつける個性派アレンジ。カラフルな太ゴムにすればさらにオシャレに！

レベル ★★
⏰ 15分

🔲 ロング
🔲 ミディアム
🔲 ショート

用意するもの
♥太ゴム2本 ♥細ゴム1本

1 耳の高さでひとつ結びする

髪全体をサイドでひとつ結びするよ。

2 細いみつあみを作る

1の毛束を少しとって、きつめのみつあみを作るよ。毛先は細ゴムで結ぼう。

ここに注意！
せまい間かくでまきつけるとかわいくなくなるから注意してね！

完成！

3 細みつあみをまきつける
2のみつあみを毛束にぐるぐるまきつけるよ。

もっとかわいく！
毛先の長さを多めに残してゴムで結ぶとバランスがいいよ。

4 太ゴムで毛先を結ぶ
2周ほどまきつけたら、毛先を太ゴムで結んでできあがり！

キャップをプラス！
ちょっとななめにかぶってクールにキメてね！

パート2 テイスト別アレンジ 辛口ロックガール

ハーフ結び × 裏あみこみ

サイド裏あみこみ

サイドをあみこんだクールさ全開のアレンジ。細く4本の裏あみこみをしてまとめるよ。

レベル ★★★
15分

ロング
ミディアム
ショート

用意するもの
♥ 細ゴム4本

ここがポイント！

毛束をとるのは指の幅くらい。広くとるとあみこみが広くなるので要注意!!

わけ目!
生えぎわ
ココ!

1 髪をとる
前髪もいっしょにまん中からふたつにわけ、わけ目の右側の髪を少しとるよ。

2 裏あみこみをする
1でとった髪を矢印の方向にまっすぐ裏あみこみしていくよ。このときたしていく毛束も少ない量にしてね。

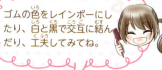

もっとかわいく！

ゴムの色をレインボーにしたり、白と黒で交互に結んだり、工夫してみてね。

パート2 テイスト別アレンジ 辛口ロックガール

3 10cmくらい裏あみこみをする

裏あみこみを10cmくらいあんだら、ピンとはるよ。

4 ゴムで結ぶ

手でおさえていたあみ目の根元を細ゴムで結ぶよ。

ここがポイント！

それぞれのあみこみの幅を同じくらいにすると、きれいにしあがるよ。

完成！

5 3本裏あみこみを作る

1本目の裏あみこみのとなりに 1 と同じ量の毛束をとって裏あみこみをするよ。これを全部で4本作ってできあがり。

フィッシュボーン × ねじる

ねじりうずまき&フィッシュボーン

長い前髪をねじってまきつけるヘアスタイル。かわいいフィッシュボーンもいっきにクールスタイルに。

レベル ⭐⭐　　🙍 ロング
⏰ 15分　　🙍 ミディアム
　　　　　　🙍 ショート

用意するもの
♥細ゴム3本　♥ピン1本

1 フィッシュボーンをふたつ作る

髪全体をふたつにわけ、フィッシュボーンを2本作るよ。

2 前髪をふたつにわけてねじる

前髪をふたつにわけてダブルツイスト（➡36ページ）するよ。

ここがポイント！

ねじり目は、広げすぎるとほどけてしまうから少しずつつまもう！

3 ねじり目をほぐす

毛先までねじったら細ゴムで結び、ねじり目を指先でつまんで少しふわっとさせるよ。

ちょっと変えて♪

「ねじり」をみつあみに変えてもかわいいよ！

4 前髪を内まきにする

ねじった前髪の束を平らになるようにまきつけていくよ。

完成！

5 毛先をピンでとめる

毛先までまきつけたらピンでとめてできあがり！

パート2 テイスト別アレンジ 辛口ロックガール

辛口ロックガールさん必見！ 通学 ♥ おでかけ

ファッション講座

通学

派手柄パンツで個性を主張！

派手な柄のパンツにスニーカーを合わせた派手かわロックコーデ。かんたんアレンジでバランスをとって。

合わせている
アレンジはコレ！
かきあげハーフ
→ 155ページ

きちんとシャツはカーゴパンツではずして

ロゴTシャツに合わせるなら、えりのついたシャツがオススメ。おでこを全開にして元気にキメちゃおう。

合わせている
アレンジはコレ！
ポンパポニテ
→ 156ページ

春 夏 冬 秋

ミニスカートをクールに着こなして

ミニスカートは腰にチェックのシャツを巻いてカジュアルに。髪はおろして大人っぽくしあげるのがコツだよ。

合わせている
アレンジはコレ！
サイド裏あみこみ
→ 162ページ

ニーハイ＆ファーのあったかコーデ

冬でもオシャレは足元から！ もこもこのファーを合わせて、スポーティーながらもかわいらしい雰囲気に。

合わせている
アレンジはコレ！
サイドくるりんぱ
→ 157ページ

辛口ロックガールさんのコーディネートのポイントは、パンツやモノトーンカラーをとり入れたロックなファッションだよ。

おでかけ

サロペコーデでロック♪

真っ黒なサロペットに明るい色のTシャツを合わせてバランスをとろう。すそをロールアップして元気よく。

合わせているアレンジはコレ！
みつあみまきつけポニー
➡ 160ページ

甘辛コーデが夏の正解

ふんわりスカートにロックTシャツで甘辛ミックスなコーディネートに。女の子らしさを少し取り入れるのがオシャレのポイント。

合わせているアレンジはコレ！
ボリュームツイン
➡ 158ページ

パート2　テイスト別アレンジ　辛口ロックガール

ロングダウンで大人っぽく

寒い冬にはロングダウンで防寒＆オシャレにキメて。ズボンをブーツインすると足長効果も☆

合わせているアレンジはコレ！
ねじりうずまき＆フィッシュボーン
➡ 164ページ

シンプルなベストでクールに

ショートパンツにロングTシャツを合わせたシンプルコーデに、ボリュームのあるベストでスタイルよく見せよう。

合わせているアレンジはコレ！
ボリュームだんご
➡ 159ページ

はづきさんのヘア講座

レッスン1 似合う髪型がわかる♡
顔型別アドバイス

人によってりんかくはさまざま。自分の顔の形のことをよく知ってヘアアレンジにいかそう！

丸顔

>特徴<

- ♥ほっぺがふっくらとしているよ。
- ♥おでことあごが丸く、やさしくてかわいらしい雰囲気だよ。

\こんなヘアアレンジがオススメ！/

 トップに高さのあるアレンジでタテのラインを強調しよう。顔まわりの髪を残して横幅をせまく見せるのもオススメだよ。

たとえば
- サイド裏あみこみ　➡139ページ
- ねじりバッテン　　➡85ページ

面長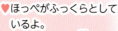

>特徴<

- ♥顔がタテ長でたまごのような形をしているよ。
- ♥ほっぺたやあごがシャープで、大人っぽく見られるよ。

\こんなヘアアレンジがオススメ！/

 サイドにボリュームを出すアレンジで、タテ長ラインを解消！　首元をすっきりさせてひし形にするのがポイント。

たとえば
- ダブルたらしだんご　➡98ページ
- ひつじだんご　　　　➡110ページ

逆三角形

>特徴<

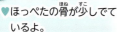

- ♥ほっぺたの骨が少しでているよ。
- ♥あごがシャープだから、クールで知的な雰囲気だよ。

\こんなヘアアレンジがオススメ！/

 あごのまわりにボリュームのあるアレンジが◎！　前髪は顔の横幅いっぱい広めにとると、バランスがよくなるよ。

たとえば
- ゆるツインだんご　➡90ページ
- ねじりハーフ　　　➡142ページ

ベース

>特徴<

- ♥おでこが広く、生えぎわがまっすぐだよ。
- ♥自分を持っている意志の強い人に見られることが多いよ。

\こんなヘアアレンジがオススメ！/

 トップを高くして、タテ長に見えるようにしよう。前髪をあごより長めにしたり顔まわりの髪を残すと、すっきりした印象になるよ。

たとえば
- サイドねじりだんご　➡114ページ
- くるりんぱみつあみ　➡144ページ

パート3

\超重要！超かわいい！/

前髪の
作り方

前髪がうまく決まらなくて
悩んでいる子は多いはず！
そんな前髪に関する疑問を
いっきに解決しちゃうよ。
アナタの印象を決める前髪だから、
迷ったときはココを見てね！

超重要!印象が決まる!
前髪のベストバランス

顔の印象は前髪で決まる!

相手の顔をパッと見たときに、印象に残りやすいのがヘアスタイル。そのなかでも前髪は顔の印象を決める重要な部分。だから、イメチェンしたいときは前髪を変えるだけで、ガラっと雰囲気を変えることができるよ。

自分に合った前髪を見つけよう!

前髪はテイストや顔のりんかくによって、合う形や長さもさまざま。それぞれのベストなバランスを知って、自分に合う前髪を見つけよう!

前髪を切るときのやくそく
- せいけつなハサミを使うこと。
- 顔や手をキズつけたり、切ってしまわないように、しんちょうに切ること。
- 小さな子は大人に切ってもらうこと。

前髪の形はぜんぶで4パターン

オールマイティ！

まゆ下
→ 174ページ

どんなヘアスタイルにも合う基本の前髪。りんかくも選ばないから迷ったらコレ！

まゆ下のなかでも **うすめ** と **あつめ** があるよ！

うすめ

あつめ

カジュアル！

まゆ上
→ 182ページ

まゆげがしっかり見える短め前髪。

個性派！

アシメ
→ 184ページ

左右で長さがちがう、個性派前髪。

クール！

ワンレン
→ 186ページ

後ろ髪と同じ長さにした前髪。

パート3 前髪の作り方

前髪のベストバランス

オールマイティ！
まゆ下の前髪

テイストやりんかくを選ばないから合わせやすさバツグン！
前髪に悩んだら、このスタイルがオススメだよ。

まゆより下、
目より上の長さだよ

毛先はそろえず、
少しすきまを作るよ

\こんな子にオススメ！/

顔型

丸顔　　　面長

逆三角形　ベース

おでこ

せまい / ふつう / ひろい

テイスト

ゆるふわ　スポーティー

スクールガール

清楚　ロック

セットのコツ

1. 左に前髪を引っぱりながら、3秒ほどかわかすよ。

2. つぎは右に引っぱりながら同じようにかわかしたら、まっすぐ下に引っぱってかわかすよ。これをかわくまで何回かくり返そう。

174

上手な切り方

用意するもの ♥コーム ♥ハサミ ♥ピン

コレやりがち！
ぬれたまま前髪を切ると切りすぎてしまうから、必ずかわかしてから切ってね！

1 前髪以外をピンでとめる
コームで前髪をとかしたら、トップから目尻を結ぶ三角のラインで前髪をとり、サイドはピンでとめるよ。

2 とった前髪を3つにわける
とった前髪を、コームを使って3つにわけるよ。

3 まん中から切っていく
まん中の束を指ではさんでうかせながら、ハサミをななめに入れて少しずつ切るよ。

ちょいコツ伝授！！
ブローしたりセットすると少し短くなることがあるから、思ったよりも長めに切るようにしよう。

4 まん中に合わせて左右を切っていく
まん中を切りおえたら、左右の束をまん中に合わせて切っていくよ。外側にいくにつれて少し長めに切ると、自然なしあがりに。

5 最後にととのえる
ハサミをタテに2mmくらい入れて、毛先にすきまを作ったらできあがり。

パート3 前髪の作り方

まゆ下の前髪

まゆ下の前髪 うすめ

透けるおでこが大人っぽい
清楚スタイル♡

こんな子にオススメ！

顔型	●丸顔／▼逆三角
おでこ	せまい／ふつう／ひろい
テイスト	ゆるふわ／清楚

✂ 上手な切り方

用意するもの
♥コーム ♥ハサミ ♥ピン

1 前髪の表面をうすくとってとめる

175ページの1のように前髪をとったら、前髪の表面だけすくってピンでとめて、切らないようによけておくよ。

2 ハサミをタテにして切るよ

175ページの2のようにわけたら、毛先から3cmのところを毛先が広がるように持って、上から下にずらしながら少しずつ切るよ。

3 そろっていない毛先を切る

ピンを外してとめていた前髪をおろし、そろっていない毛先だけななめにハサミを入れて切ればできあがり。

セットのコツ

1 毛先をロールブラシにあてて軽くまきつけるよ。

2 ドライヤーの温風を1〜2分あてて、ふんわりとしあげるよ。

まゆ下の前髪 あつめ

お人形のようにかわいらしい
ガーリースタイル♡

こんな子にオススメ！

顔型	●面長 ／ ●ベース
おでこ	せまい／ふつう／ひろい
テイスト	ゆるふわ　スクールガール

✂ 上手な切り方

用意するもの
♥コーム ♥ハサミ ♥ヘアピン

パート3 前髪の作り方

まゆ下の前髪♥

1 広めに前髪をとる
広めに前髪をとり、横の毛をピンでとめるよ。175ページ2のように3ブロックにわけてまん中から順に切るよ。

2 横にハサミを入れて前髪を切る
横にハサミを入れ、目の少し上で切るよ。つぎに左右をまん中に合わせて切るよ。外側にいくにつれて少し長くなるようにね。

3 ハサミをタテにして少しずつ切る
ハサミの先を2mmくらいタテに入れて、毛先に少しすきまができるようにこまかく切ったらできあがり。

セットのコツ

1. 前髪にマジックカーラーをまいてドライヤーで温風を1〜2分あてるよ。
2. つぎに冷風を1分ほどあててクセをつけたらゆっくり外すよ。

まゆ下前髪の かんたんイメチェン

かんたんアレンジでいろんな前髪を楽しんじゃおう♪

① わけ目ガエ

わけ目を変えるだけで雰囲気がガラっと変わるよ!

アイドル

8：2できっちりわけるとアイドル風になるよ。

ななめ

自然にななめに流すよ。おでこが見えて大人っぽい。

センター

まん中でわけるスタイル。わけ目はざっくりラフにするとオシャレだよ。

M字

3つのブロックにわけてMの形に。ちらりと見えるおでこで小顔効果も。

② ねじる

いそがしい朝でもできる！
ねじってとめるだけのかんたんアレンジ。

キュートな ねじりバック

1. 前髪をまん中からふたつにわけたら、片方の束を外まきにしっかりとねじっていくよ。
2. ねじった束を後ろの方に持っていき、ピンでとめるよ。
3. 反対側も同じように作ったら、左右で同じ形になるようにととのえてできあがり。

パート3 前髪の作り方

まゆ下の前髪

③ とめる

お気に入りのピンを使うだけで
とっておきの前髪アレンジに。

おでこが見える かんたんラフどめ

1. 前髪をまん中からふたつにざっくりわけたら、片方の束を外まきに1回ねじって、ピンでとめるよ。
2. 反対側の束も同じように作ったら、その上から好きなピンをとめてできあがり。

ちょいコツ伝授!!
前髪をとめる位置をわけ目から離しすぎるとバランスが悪くなるから注意してね。

④ 結ぶ

ゴムで結ぶかんたんアレンジ。
ヘアゴムで顔まわりを華やかにしちゃおう♪

かわいさ全開☆ キャンディーヘア

1 前髪を3：7にわけたら、7の方の束を結ぶよ。そこから1～2cm間隔で横の髪を少しすくって合わせながら結ぼう。

2 毛束を少しずつ引っぱって、ふわっとさせたらできあがり。

おちゃめな おでこ出しちょんまげ

1 前髪の両端は残したまま、おでこの生えぎわより少し後ろで結んだらできあがり。

ちょいコツ伝授!!
大きめのヘアアクセで結びたいときは、はじめに細いゴムで結んでおくとほどけないよ。

⑤ あむ

ちょっぴり時間のある朝はあむアレンジに挑戦！
意外とむずかしくないよ。

すっきりさわやか サイドみつあみ

1. 前髪をまん中からふたつにわけたら、それぞれみつあみにするよ。

2. 左右のみつあみを後頭部の方へ持っていき、毛先をピンでとめるよ。毛先の上に後ろ髪をかぶせたらできあがり。

パート3 前髪の作り方

まゆ下の前髪

オシャレ上級者テク あみこみリボン

1. コームであみこみたい方向に前髪の流れをととのえておくよ。

2. 前髪を3つの毛束にわけて、耳のあたりまで片あみこみをするよ。

3. 耳上をクリップでとめたらできあがり。

ちょいコツ伝授!!

片あみこみはおでこのラインにそって。後頭部の方にあまないよう注意！

カジュアル！ まゆ上の前髪

表情が明るく、元気に見えるまゆ上の前髪。
カジュアルなスタイルと相性バツグン！

前髪のラインを
まっすぐ切ると
カジュアルになるよ

ぱっつんすぎずに
毛先は少し
すいている方が
かわいいよ

こんな子にオススメ！

顔型

 丸顔　 面長

 逆三角形　ベース

おでこ

せまい / ふつう / ひろい

テイスト

ゆるふわ　**スポーティー**
スクールガール
清楚　**ロック**

セットのコツ

1. 前髪にドライヤーの温風を上から下にあてるよ。
2. 短い前髪がうかないよう、おさえるようにしてかわかしたらコームでととのえるよ。

上手な切り方

用意するもの
♥ コーム ♥ ハサミ ♥ ピン

パート3 前髪の作り方

まゆ上の前髪

1 前髪をとって3つにわける

175ページの1、2のように前髪を3つにわけるよ。

2 まゆ上までざっくり切る

前髪の長さを決めるため、わけたまん中の前髪から切っていくよ。ハサミを横にして、まゆ毛の約5mm上を切ろう。

3 まゆ上1cmになるよう切っていく

まゆ上1cmくらいの長さになるようにハサミをななめにしながら切ったら、残った左右の前髪をまん中に合わせるように切っていくよ。最後はハサミをタテに入れて毛先をととのえてね。

まゆ上アレンジ

1 前髪を3：7くらいでわけるよ。わけ目はギザギザにするのがポイント。

2 前髪を右のイラストのようにピンでとめたらできあがり。

個性派！アシメの前髪

左右で長さをかえる個性派前髪。
みんなよりちょっとおませさんなスタイル！

毛先にざくざくすきまを作るとカジュアルに、パッツンでそろえるとモード系に

自分をもっている女の子に見えるよ。知的な雰囲気も

こんな子にオススメ！

顔型

丸顔　　面長

逆三角形　ベース

おでこ

せまい / ふつう / **ひろい**

テイスト

ゆるふわ　**スポーティー**

スクールガール

清楚　**ロック**

セットのコツ

1 前髪を指ではさみ、流したい方向とは逆ななめ下の方向に引っぱるよ。

2 引っぱったまま前髪に内側からブラシをあて、ドライヤーでかわかすよ。

✂ 上手な切り方

用意するもの
♥ コーム ♥ ハサミ ♥ ピン

1 とった前髪を3つにわける

175ページの1、2のように前髪を3つにわけるよ。

2 3つにわけたまん中を切る

まん中の前髪に、ななめにハサミを入れて切るよ。

3 前髪をななめに少しずつ切る

まん中の束にハサミをななめに入れ、①が自然なななめになるように切っていくよ。つぎに左の②を①にそろえてななめに切っていくよ。

4 反対側もななめに少しずつ切る

右の束③は①の長さにそろえながら、ななめにハサミを入れて②と長さがそろうように切っていくよ。

パート3 前髪の作り方 アシメの前髪

✱ アシメアレンジ

1. 全体の髪を7：3にわけるよ。トップの髪を少しだけ前髪の方へ持ってくるよ。

2. わけた髪の少ない方を耳にかけるよ。

3. 耳にかけた髪にピンをとめたらできあがり。

185

クール！ ワンレンの前髪

おとなっぽさが魅力のワンレン。
ヘアアレンジの幅が広いのも特徴だよ。

おでこを見せるから
グッと大人っぽく
なるよ

タテのラインが
強調されるから
顔が細く見えるよ

こんな子にオススメ！

顔型

丸顔　　　面長

逆三角形　　ベース

おでこ
せまい / ふつう / ひろい

テイスト
ゆるふわ　スポーティー
スクールガール
清楚　　ロック

わけ目の種類

センター

クールな
大人顔に

1 コームの先をトップにつけるよ。

2 そのままおでこの生えぎわまでおろしてわけたらできあがり。

サイド

きれいめ
美人顔に

1 コームの先をトップにつけるよ。
このとき、黒目より外側につけるとバランスよくわけられるよ。

2 そのままおでこの生えぎわまでおろしてわけたらできあがり。

セットのコツ

センター

1. わけ目がつかないように、顔の前に前髪をおろしてかわかすよ。
2. トップがぺちゃんこにならないよう、左右両方からドライヤーをあてるよ。

サイド

1. 前髪を後ろにかきあげながら、ドライヤーを髪の根元へ当ててかわかすよ。
2. 手ぐしでジグザグとかきあげながら毛先をかわかすよ。

上手な切り方

用意するもの
♥ コーム　♥ ハサミ

1 コームで切りたい前髪をとる

前髪にしたい部分をとるよ。つむじからとるようにすると◎。切らない髪は耳にかけておこう。

2 コームをつかって前髪をとかす

毛流れにそってコームで前髪をとかすよ。まっすぐ下にとかしてね。

3 とった前髪を少しずつ切る

前髪を手で伸ばしながら、少しずつハサミで切っていくよ。

4 サイドの髪となじませる

サイドの髪と同じ長さになるよう、毛先5mmくらいずつこまかくタテにハサミを入れて毛先を切りそろえるよ。

パート3 前髪の作り方

ワンレンの前髪

ちょっとで差がつく！

ワンレン前髪の
かんたんイメチェン

ワンレンならではのアレンジを楽しんじゃおう！

① とめる

長い前髪だからこそできる
ふんわりアレンジがかわいい！

優等生風 清楚どめ

1. 前髪を7：3にわけるよ。
2. 多いほうの前髪がおでこでゆるくカーブするように黒いピンで耳上にとめて、残りは耳にかけるよ。
3. バレッタをピンの上からとめたらできあがり。

ゆる～くふんわり ガーリーポンパ

1. 目尻より内側にくる前髪を集めるよ。
2. 毛先を持って2回くらいゆるくねじったら、生えぎわがふくらむように後ろにたおして2本のピンでとめるよ。ピンの上からバレッタをとめたらできあがり。

② 結ぶ

前髪を結んでおでこを見せるスタイル。
元気系にも清楚系にもなれるよ。

元気っ子スタイル全開☆ 前髪たらしだんご

1 ひめ毛を少し残して、前髪をトップのななめ前の髪といっしょに集めるよ。

2 集めた位置でたらしだんごを作るよ。

3 結び目の上からシュシュやボンボンつきゴムで結べばできあがり。

パート3 前髪の作り方

ワンレンの前髪

③ あむ

ななめにあみこんでいくアレンジ。
おしとやかな印象で女子力アップ♡

ちょっとゆるめの ガーリーあみこみ

1 前髪を3：7でとって、少ない方の髪は耳にかけるよ。

2 おでこにそって、生えぎわの髪を片あみこみしていくよ。

3 毛先を細いゴムでしっかり結んだら、上から飾りつきのゴムを結んでできあがり。

たすけて！こんなときどうする！？

前髪レスキュー

前髪にトラブルはつきもの。「やっちゃった！」と思っても大丈夫！
解決法を教えちゃうよ☆

切りすぎた!! そんなときは…

レスキューその1 ねじってかくす！

切りすぎてしまった前髪は
まとめてねじってかくしちゃおう！

おたすけレシピ

前髪を8：2にわけて、後ろ髪の一部を前に持ってきたら、8の方の前髪と合わせて外まきにねじるよ。毛先をピンで固定したらできあがり。

レスキューその2 かぶせてかくす！

短い前髪に後ろ髪を
かぶせてかくしちゃおう！

おたすけレシピ

ななめわけにした前髪に上からトップの髪をかぶせ、手ぐしでととのえたらできあがり。

のばしかけ!! そんなときは…

レスキューその1 ぴったりとめる!

びみょうな長さでじゃまな前髪は
ピンでぴったりとめよう♪

おたすけレシピ

前髪をセンターでジグザグにわけるよ。前髪を手でおさえながら、カラフルなピン4本でランダムにとめるよ。反対側も同じようにとめたらできあがり。

レスキューその2 ふんわりさせる!

ふんわり逆ポンパドールで
のばしかけでも超キュート!

おたすけレシピ

おでこの少し上の髪と前髪をまとめるよ。毛先を内まきにかるく1回ねじってふわっとさせたら、毛先をピンでとめてできあがり。

パート3 前髪の作り方 — 前髪レスキュー

教えて！前髪お悩み相談室

前髪の悩みやコンプレックスはいがいと多いもの。よくある前髪の悩みと解決方法を教えちゃうよ！

お悩み1　浮くのがイヤ！

A ドライヤーで温めてから冷ますと浮くのを防げるよ。

前髪を根元までぬらしたら、手でおさえながらドライヤーの温風をあてよう。そのあと、手でおさえたまま、前髪に冷風をあてて冷ますよ。髪は冷えるときに形が固定されるから、「冷やす」のがポイント！

お悩み2　ぺたんこなのがイヤ！

A 前髪をかわかすときは内側の根元からドライヤーをあてて。

前髪の根元に内側からドライヤーをあてて下から上に向かってかわかしたら、ロールブラシで内まきにして1〜2分上から下に風をあててかわかすとふわっとしあがるよ。

お悩み3　クセが強くてまとまらない

A じつはクセ毛はアレンジ向き♪

クセ毛で悩んでいる子は多いけれど、じつはクセがあったほうがアレンジしやすいんだよ！　ピンでとめたりねじって結んだり、かわいくアレンジして楽しんじゃおう♡

お悩み4　パッカリ割れちゃう!

A 原因は髪のわけ目やクセ。根元からなおしてあげよう！

まず前髪を根元までぬらしたら、割れるクセがついたところの根元を指全体で左右にこするようにしながらドライヤーでかわかしてあげればOK。

パート3　前髪の作り方

前髪お悩み相談室

お悩み5　雨の日に前髪がうねっちゃう！

A 原因は雨の湿気！湿らせてブローすればすぐ解決！

前髪がうねるのは、乾燥した髪が雨の湿気をすってしまうから。根元に水をつけてぬらすことで髪がうるおうから、あとは根元をかわかすようにブローしよう。

193

 **帽子をかぶったあとの前髪がぐちゃぐちゃ！**

A ピンでとめるアレンジでなおしちゃおう☆

前髪に帽子のあとがついてしまったときは、ピンでとめるアレンジですっきりまとめちゃおう！　179ページや188ページのアレンジがオススメだよ！

 **直毛すぎてななめわけにできない！**

A ロールブラシでクセをつけるよ！

前髪全体をぬらしたら、生えぎわに指をあてて左右にこするようにかわかすよ。そのあと毛先にロールブラシをあてて根元までまきつけたら、ドライヤーを上からあてながら前髪を流したい方と逆の方にブラシでとかしていくよ。最後に手ぐしで流したい方向に毛先をととのえてできあがり！

 **寝グセをつけないためにどうしたらいい？**

A 寝る前に髪はしっかりかわかしておこう！

髪はぬれている状態からかわくときにクセがつくもの。髪が半がわきのまま寝てしまうとグチャグチャな寝グセに。お風呂からあがったらしっかり髪をかわかそう（➡236ページ）。

寝グセがなおらない…

A とかしたり、少しだけぬらしたり、あれこれ時間をかけるより、わりきってセットし直すほうが早いよ。

1 前髪全体を、根元からぬらすよ。

2 おでこの生えぎわから毛先に向かってまっすぐブラシでとかすよ。

3 髪の根元に指をあてて、左右にこするように手を動かしながらドライヤーをあてるよ。

4 最後は毛先にドライヤーをあててかわかすよ。

パート3 前髪の作り方

前髪お悩み相談室♥

はづきさんのヘア講座

レッスン2
これでもう安心！
美容室♥成功のヒケツ

美容室でどうやってなりたい髪型を伝えたらいい？
美容師さんにお願いするときは誰だって緊張しちゃうよね。そんな不安をここで解消しちゃうよ！

美容室に予約の電話をしよう

まずは日にちと時間を決めて美容室に電話をしてみよう。5日前には予約をしないと、希望の日に予約できないことがあるよ。

(ヘアスタイルにかんする悩みを伝えるのも◎。)

ヘアスタイルを考えておく

美容室に行く日までにあらかじめ理想のヘアスタイルを考えておくといいよ。ざっしの切りぬきを持って行ったり、なりたいスタイルの芸能人を伝えてみよう。

ふだんの服装に似合うヘアスタイルにしてもらうことがオシャレさんへの近道☆

美容室に行く日はお気に入りの服で

美容室に行く日は、ヘアアレンジはしないようにね。お気に入りの服装で行くと美容師さんにあなた好みのテイストをわかってもらえるよ。

こんなことも聞いてみよう

★オススメのヘアスタイル
具体的にヘアスタイルが決められないときは、自分にはどんなスタイルが似合うか相談しよう！

★髪のセット方法
新しいヘアスタイルのセットの方法を聞いておけば、自分でもセットできるようになるよ。

★自分でできるアレンジ
切ってもらったスタイルに合うアレンジを教えてもらおう。帰ったら練習してみてね。

パート4

\注目のマト！/

イベント♥アレンジ

イベントにはイベントに合った
ヘアアレンジがあるよ。
服装の決まりやマナーがある場合もあるから、
アレンジも使いわけてね。

ゆかたで 花火大会

和風の花かんざしをつけて上品に

必須アイテムのうちわは帯にさすのが粋

ゆかたにはかわいい巾着を持つよ

`みつあみ` × `まきつけだんご`

みつあみアップヘア

いつものおだんごにみつあみをまくだけでイベント仕様に。えりあしすっきりでゆかたとの相性◎。

 ロング　ミディアム　ショート

用意するもの
- ♥ 細ゴム2本　♥ 太ゴム1本
- ♥ ピン1〜2本　♥ 髪飾り

① 耳上の髪をみつあみする
耳上の髪をタテ長にとって3つにわけるよ。

成功と失敗の別れ道
髪を多くとりすぎると、おだんごが小さくなるから注意。

花火大会は日本の夏の風物詩！　ゆかたはうなじをすっきりと出したすずしげなアレンジで、花火を楽しもう♪

平行に！

2 後頭部に向かって みつあみする

1の毛束を、後頭部側に引っぱりながらみつあみし、細ゴムで結ぶよ。

3 残りの髪を 高い位置で結ぶ

反対側も同じようにみつあみしたら、残った髪を高い位置に太ゴムでひとつ結びするよ。

4 まきつけだんご を作る

3をひとつ結びにしたら、まきつけだんごを作るよ。

5 両サイドのみつあみを おだんごにまきつける

みつあみを、下からおだんごにまきつけて毛先をピンでとめるよ。反対側のみつあみも同じようにまきつけてね。

完成！

6 サイドに 髪飾りをつける

サイドに髪飾りをつけたらできあがり！

パート4　イベント♡アレンジ

花火大会

ハーフ結び × くるりんぱ

逆りんぱ サイドアップ

ロングヘアならではの、長さをいかしたサイドアップにチャレンジしてみよう！

🟣 ロング　🟠 ミディアム　⚪ ショート

用意するもの
♥ 太ゴム2本　♥ クリップ　♥ 髪飾り

成功と失敗の別れ道
みつあみパーマをしておくと、雰囲気がよくなるよ！

1 サイドでハーフ結びする
前髪の1/3といっしょに、サイドでハーフ結びをするよ。

2 逆りんぱをする
1で結んだ毛束を逆りんぱして引きしめるよ。

3 下の髪もサイド結びする
1の毛束をクリップでとめ、残りの髪も、1の結び目のちょうど下で結ぶよ。

4 逆毛を立ててなじませる
上下の毛束がバラついていたら、かるく逆毛（→77ページ）を立てて髪飾りをつければできあがり！

完成！

両サイド裏あみこみ

裏あみこみ × とめる

前髪をすっきりとあみこんでまとめるスタイル。前髪が短い子は、サイドの髪だけで挑戦してみてね。

- ロング
- ミディアム
- ショート

用意するもの
- ♥ コーム
- ♥ 細ゴム2本
- ♥ ピン2本
- ♥ クリップ
- ♥ 髪飾り

1 前髪をふたつにわける
トップからおでこの生えぎわまん中まで、ギザギザにわけ目を作るよ。

2 裏あみこみする
片方の毛束をクリップでとめ、もう片方の毛束を裏あみこみしていくよ。

3 耳の後ろで結びピンをとめる
耳の後ろまできたら、細ゴムで結びピンでとめて固定させるよ。

4 反対側も同じようにあむ
反対側も同じように裏あみこみして、髪飾りをつければできあがり！

完成！

パート4 イベント♡アレンジ　花火大会

はっぴで おまつり

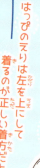

裏あみこみ × **ふたつ結び**

裏あみこみ まとめヘア

はっきりあみ目の見える裏あみこみで髪をまとめれば、激しく動いてもくずれる心配はないよ！

🔵 ロング　🟠 ミディアム　⚪ ショート

用意するもの
♥ コーム　♥ 細ゴム2本　♥ ピン2本

はちまきはしっかり結んで落ちないように！

はっぴのえりは左を上にして着るのが正しい着方だよ

ぴったりサイズの足袋で動きやすく！

1 コームで髪をふたつにわける

コームの先で髪全体をギザギザとふたつにわけるよ。

おまつりといえば"お神輿"。お神輿は神さまののりものだから、神様に失礼のないように身だしなみをととのえてね。アレンジはまとめ髪で動きやすく！

2 耳上から全体を裏あみこみしていく

耳上の髪をとって裏あみこみをしていくよ。

3 引きしめながらあみこんでいく

動いているうちにくずれないよう、きつめにあみこんでいくよ。

4 反対側も同じようにあむ

反対側も同じように裏あみこみして、毛先を結ぶよ。

5 毛先を反対側でとめる

みつあみの毛先を反対側の耳の後ろあたりでピンでしっかりとめるよ。

6 取れないようにしっかり固定する

両方の毛先をピンでとめたら、動いても取れないかカクニンして、できあがり！

パート4 イベント♡アレンジ　おまつり

`みつあみ` × `まきつけだんご`

みつあみ だんごヘア

みつあみをまきつけるおだんごは、くずれにくく、元気な印象をあたえてくれるよ！

🔲 ロング　🔲 ミディアム　🔲 ショート

用意するもの
♥ 太ゴム1本　♥ 細ゴム3本
♥ ピン1〜2本　♥ 髪飾り

① 高い位置でひとつ結びをする
髪全体を頭の高い位置でひとつ結びにするよ。

② みつあみを3本作る
毛束を3つにわけ、それぞれみつあみをして毛先を細いゴムで結ぶよ。

③ みつあみをまきつける
②で作ったみつあみを根元に向かってまきつけて、毛先をピンでしっかりとめるよ。

④ 髪飾りをつける
だんごの根元に髪飾りをつけたらできあがり！

完成！

とめる × とめる

クロスピン サイドどめ

片方の横髪をピンでとめてさっぱりクールに。カラーピンでとめると華やかさがでるよ！

🟣 ロング　🟡 ミディアム　🔵 ショート

用意するもの
♥ ピン7〜8本

① 横髪をあげてピンでとめる
前髪を流している方とは反対の顔まわりの髪を、ピンでとめるよ。

② ピンでバッテンを作る
①でとめたピンの上から新しいピンをクロスさせてバッテンを作るよ。

③ 3ブロックにわけてピンをとめる
同じように残りの髪もピンでとめていくよ。

完成！

④ 髪全体をととのえる
ピンのバランスをととのえたらできあがり！

パート4 イベント♡アレンジ　おまつり

水着でプール

濡れてもくずれないように きっちりあみこもう

裏あみこみ × ひとつ結び

バック裏あみこみ

裏あみこみでしっかりまとめたら、強度カンペキ！ プールを思い切り楽しんじゃおう！

🟢 ロング　⚪ ミディアム　⚪ ショート

用意するもの
♥ 細ゴム1本

① トップの髪の毛をとる

トップの髪を均等に3等分するよ。

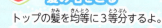

待ちに待った夏休みは、家族やお友だちとプールへGO！ 泳いでもくずれにくいアレンジで、思いっきりはじけちゃおう♪

2 裏あみこみをはじめる

1でつかんだ3本の毛束で裏あみこみしていくよ。

3 まっすぐにあんでいく

まっすぐにあめているかかがみでカクニンしながら、えりあしまであんでね。

ここから みつあみ

4 耳下はみつあみをする

髪の毛をすべてあみこんだら、最後は毛先までみつあみをするよ。

完成！

5 毛先をゴムで結ぶ

毛先をゴムで結んだらできあがり！

パート4 イベント♡アレンジ プール

ふたつ結び × ひとつ結び

ポコポコ ツイン

こまかく結んでいくから、ふつうのツインよりもバラバラしないよ。動きやすくてプールにピッタリ！

🔲 ロング　🔲 ミディアム　🔲 ショート

用意するもの
♥ 細ゴム8本

1 ふたつ結びをする
耳の下あたりでふたつ結びするよ。

2 さらにゴムをつける
1で結んだゴムより少し下をゴムで結ぶよ。

3 髪の毛を引き出す
間の髪の毛を指でつまんでふくらむように形をととのえよう。

4 反対側も同じように結ぶ
2と3を数回くり返して毛先を結ぶよ。反対側も同じように結んだらできあがり！

完成！

> 片あみこみ ✕ 片あみこみ

片あみこみ ツイン

泳ぐときに目にかかってじゃまになる前髪は、片あみこみしてゴムでとめちゃおう。

- ロング
- ミディアム
- ショート

用意するもの
♥ 細ゴム2本

1 前髪を3等分する

前髪をまん中からわけて均等に3等分するよ。

2 片あみこみして ゴムで結ぶ

生えぎわの髪をたしながら、前髪を入れた横髪を耳上まで片あみこみして、細ゴムで結ぶよ。

3 反対側も同じように 片あみこみをする

反対側の前髪も同じように片あみこみして結んだらできあがり。

完成！

パート4 イベント♡アレンジ プール

211

ドレスで発表会

花かざりとドレスの色を合わせて統一感を

パニエをはくとスカートがボリュームアップ♪

ハーフ結び × みつあみ

みつあみサイドだんご

サイドによせたおだんごがポイント！ えりあしを通るみつあみで360度どこから見てもオシャレ♡

ロング **ミディアム** ショート

用意するもの
- ♥ 太ゴム1本　♥ 細ゴム2本
- ♥ ピン2本　♥ バレッタ

明るい色のドレスでステージ上でも華やか！

① 耳上でハーフ結びをする

耳上の髪をサイドでハーフ結びにするよ。

発表会は人前に出て注目をあびる特別な日！ ドレスに負けない華やかなアレンジで一番かがやいちゃおう。

2 毛束をみつあみする

1で結んだ毛束をみつあみして毛先をゴムで結ぶよ。

3 みつあみをまきつける

2のみつあみをまきつけて毛先をピンでとめるよ。

パート4 イベント♡アレンジ 発表会

4 残りの髪を裏あみこみする

だんごのない方の残りの毛束を裏あみこみしていくよ。

5 あみこみの毛先をだんごにまきつける

残りの髪がなくなるまであみこんだら細ゴムで結び、だんごの根元にまきつけて毛先をピンでとめるよ。

6 バレッタをつける

だんごの手前にバレッタをつけたらできあがり！

完成！

213

ひとつ結び × 逆毛

ウエーブ アップヘア

逆毛を立てることで、華やかなアップスタイルに！ みつあみパーマを作っておくとさらにボリュームアップ！

ロング ミディアム ショート

用意するもの
- ♥ 太ゴム1本 ♥ コーム
- ♥ ピン2〜3本 ♥ 髪飾り

① 高い位置でひとつ結びする

高い位置でひとつ結びしたら、毛束を左右に引っぱって引きしめるよ。

② コームで逆毛を立てる

コームで逆毛（→77ページ）を立てるよ。量が多い人は少しずつ立ててね。

10cm

③ ピンでとめて動きをおさえる

結び目から約10cmのところでピンを数本とめ、髪の毛が動くのをおさえるよ。

④ 髪飾りをつける

トップの右下あたりに花のついた髪飾りをとめたらできあがり！

完成！

表あみこみ × ハーフ結び

ハーフ表あみこみ

上半分だけをあみこんでいくから、ショートヘアの子でもできちゃうオシャレアレンジだよ♪

 ロング ミディアム ショート

 用意するもの
♥細ゴム1本 ♥バレッタ

1 トップの髪を3つにわける
トップの髪を3つにわけるよ。

2 ゆるめに表あみこみをする
トップから髪全体をゆるく表あみこみしていくよ。

3 耳の高さで結ぶ
耳の高さまで表あみこみしたら、毛先をゴムで結ぶよ。

 完成！

4 バレッタをつける
結び目の上にバレッタをつけたらできあがり！

パート4 イベント♡アレンジ 発表会

仮装で ハロウィン

前髪は、上げても残してもかわいいよ♪

どこかにオレンジ×紫を入れるとハロウィンらしいよ！

柄のタイツであったかオシャレ☆

ふたつ結び × みつあみ
小悪魔ヘアー

ショートヘアからロングヘアまで、みんなが楽しめちゃう万能アレンジ！ つのの大きさは自分の好みで決めてね。

◯ ロング ◯ ミディアム ◯ ショート

用意するもの
♥ 細ゴム2本 ♥ ピン2本

① トップの髪をみつあみする
トップの髪を半分にわけ、片方の束を結んでからみつあみするよ。

216

もとは秋の収かくを祝い、悪りょうを追いだすためのお祭り。髪型までばっちり仮装して「トリック・オア・トリート」！

2 つのの大きさを調節する

みつあみができたら、つのを作りたい長さで毛束を折るよ。

3 上からまきつけていく

長さが決まったら、片方の手で折れているところを持ちながら反対の手で上からまきつけていくよ。

4 結び目までまきつける

3のまま結び目に向かってまきつけるよ。

5 毛先をピンでとめる

毛先までまきつけたら、根元の髪といっしょに毛先をピンでとめるよ。

6 反対側も同じように作る

反対側も同じように作ったらできあがり！

完成！

パート4 イベント♡アレンジ ハロウィン

くるりんぱ × みつあみ

ヒロイン風
みつあみヘア

まるでアニメのヒロインみたい♪
プリンセスの仮装ならこれで決まり
だね！

🎀 ロング　🎀 ミディアム　🎀 ショート

用意するもの
♥ 太ゴム1本
♥ 細ゴム1本　♥ ミニクリップ

1 耳上の髪をくるりんぱする

耳上の髪をハーフ結びし、くるりんぱするよ。残りの髪を半分にわけて両手でつかむよ。

2 3つの毛束でみつあみしていく

1でつかんだ毛束と、くるりんぱした毛束の3本の毛束でみつあみをしていくよ。

3 根元を指先でゆるめる

毛先までみつあみをしてゴムで結んだら、くるりんぱした根元を少しずつ引っぱってふわっとさせるよ。

4 ミニクリップをつける

みつあみ部分に、ミニクリップで飾りをつけたらできあがり！

完成！

ねじる × とめる

ねこ耳風ねじりヘア

髪が短くてもねじるだけでできるかんたんねこ耳ヘア。ハロウィンに限らず、ふつうの日でもやってみてね！

🔖 ロング　🔖 ミディアム　🔖 ショート

用意するもの
♥ ピン2本

① 前髪と耳上の髪をねじる
前髪と耳上の髪を外まきに1回ねじるよ。前髪を上げたくない子は耳上の髪だけでもOK。

② 髪をおし出してねこ耳を作る
1回転ねじったら、ねじり目を上から指でおさえて矢印の方向におし、ねじった髪を盛り上げるよ。

おさえていた部分　盛り上がった部分

③ ピンでとめる
②で、髪がねこ耳のようにさんかくに盛り上がったら、指でおさえていた部分をピンでとめるよ。

④ 反対側も同じように作る
指でつまんで盛り上がりを調整したら、反対側も同じように作ってできあがり！

完成！

パート4 イベント♡アレンジ ハロウィン

とびきりおめかしで クリスマス

かわいいピンクの ギンガムチェック☆

ポンポンキーホルダーが 冬らしい

レースアップブーツで 大人っぽく

みつあみ × くるりんぱ

みつあみハートヘア

女の子が大好きなハートとリボンでクリスマスモード全開のヘアアレンジだよ♪

ロング ミディアム ショート

用意するもの
- ♥ 太ゴム1本
- ♥ 細ゴム2本
- ♥ ピン2本
- ♥ 飾りつきゴム1本

1 耳上の髪をサイドで結ぶ

耳上の髪をサイド高めの位置で、太ゴムでハーフ結びするよ。

12月25日はイエス・キリストの誕生を祝う聖なるお祭り☆ コーデやヘアアクセに赤×緑をとりいれると雰囲気アップ！

2 １の髪を逆りんぱする

１の髪をそのまま逆りんぱ（➡32ページ）して毛先を左右に引きしめるよ。

3 毛束をみつあみする

２の毛束を均等にふたつにわけて、根元からしっかりみつあみしたらそれぞれ毛先をゴムで結ぶよ。

4 ２本の毛束を結び合わせる

３でみつあみした２本の毛束の毛先をゴムで結び合わせるよ。

5 ピンでとめて固定させる

ハートの形になるようにみつあみの上から1/3あたりをピンでとめて固定させるよ。

完成！

6 飾りつきゴムをつける

結び目にリボンなどの飾りつきゴムをつけたらできあがり！

パート4 イベント♡アレンジ　クリスマス

くるりんぱ × ふたつ結び

リボンツインテール

ふつうのくるりんぱツインにリボンをプラスして、クリスマスプレゼントみたいなキュートアレンジに♪

🔲 ロング 🔲 ミディアム 🔲 ショート

用意するもの
- ♥ 太ゴム4本 ♥ リボン2本
- ♥ ミニクリップ

1 トップの髪をくるりんぱする
髪全体をふたつにわけ、耳上の髪をくるりんぱするよ。

2 1といっしょにふたつ結びする
1の毛束と残りの髪をいっしょに結ぶよ。

3 ヘアクリップとリボンで飾る
1の結び目の、上の方にミニクリップを飾って、2の結び目の上にリボンを結ぶよ。

完成!

4 反対側も同じように結ぶ
反対側も同じように結んだらできあがり!

くるりんぱ × ブロック結び

連続くるりんぱ ツイン

ヘアアクセがなくてもオシャレに見えるアレンジ。緑と赤のヘアゴムでクリスマス感を演出して。

🔲 ロング　🔲 ミディアム　🔲 ショート

用意するもの
♥ 細ゴム6本

1 トップの髪を結ぶ
髪全体をふたつにわけ、片方のトップの髪を高い位置で結んでくるりんぱするよ。

2 さらにくるりんぱをする
1の毛束ごとブロック結びをしてくるりんぱするよ。

3 残りの髪を結ぶ
2でくるりんぱした結び目の下で残りの髪をまとめて結ぶよ。

4 反対側も同じように結ぶ
反対側も同じように結んだらできあがり！

完成！

パート4 イベント♡アレンジ　クリスマス

双子コーデで テーマパーク

ふたつ結び × みつあみ

みつあみミックスツイン

友だちとのおそろいヘアで注目のマトに！ヘアアクセをそろえるともっと双子感がアップするよ♪

🔵 ロング　🟠 ミディアム　⚪ ショート

用意するもの
♥ 細ゴム4本　♥ ミニクリップ

前髪のわけ目は友だちと反対にしてみよう♪

まったく同じにせず、色違いなどで個性を出して

① トップの髪をみつあみする

髪全体をふたつにわけ、トップの髪をみつあみしていくよ。

お友だちとテーマパークに行くときは、双子ヘアで仲よし度アップ！ コーデも全身おソロなら、さらにテンションアップ⤴⤴だよ♪

2 反対側も同じようにあむ

反対側も同じようにみつあみをして毛先を細いゴムで結ぶよ。

3 残りの髪をふたつにわける

片側の髪をふたつにわけるよ。

4 3つの毛束をみつあみしていく

1の毛束と3でわけた毛束をみつあみしていくよ。毛先まであんだらゴムで結び、2で結んだ細いゴムを取るよ。

パート4 イベント♡アレンジ　テーマパーク

5 根元を指先でほぐす

反対側も同じようにあんだら、根元を少しずつつまんでふわっとさせるよ。

6 結び目に飾りをつける

結び目に飾りをつけたらできあがり！

完成！

リボン入り みつあみツイン

みつあみにリボンをあみこむガーリーアレンジ♪ 特別感が出るので、イベントにはピッタリだよ。

🟫 ロング　🟧 ミディアム　⬜ ショート

用意するもの
♥ 太ゴム2本　♥ リボン2本

1 ふたつ結びのゴムの上にリボンを結ぶ
高い位置でふたつ結びをしたら、ゴムの上にリボンを結ぶよ。

2 リボンと一緒にみつあみしていく
毛束を3つにわけたうちふたつの毛束を1のリボンといっしょに持ってみつあみしていくよ。

3 毛先でリボン結びをする
毛先までみつあみしてゴムで結んだら、ゴムの上でリボン結びをするよ。

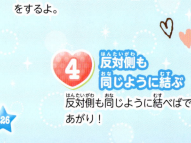

完成！

4 反対側も同じように結ぶ
反対側も同じように結べばできあがり！

ブロック結び × たらしだんご

ブロック
ツインだんご

耳上の髪をブロック結びのたらしだんごにして元気っ子に！ さらに、カラーピンで飾りをつけて華やかさアップ。

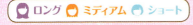

用意するもの
♥細ゴム2本 ♥ピン4本

1 たらしだんごを作る
前髪と耳上の髪を高い位置で、たらしだんごにするよ。

2 指先でだんごをほぐす
だんご部分を少し開いてふわっとさせるよ。

3 カラーピンで飾りつける
結び目の前に、カラーピンをバッテンにとめて飾りつけるよ。

4 反対側も同じように作る
反対側も同じように作ったらできあがり！

完成！

パート4 イベント♡アレンジ テーマパーク

227

はづきさんのヘア講座

レッスン3

恋と友情に効く ヘアおまじない

恋に友情に一生懸命なアナタへ♡ 魅力を倍増させてくれる、とっておきのおまじないを教えちゃうよ！

恋に効く！ ラブ運アップのおまじない

黒いリボンをみつあみに
好きな人と両想いになれるように願いをこめながら、黒いリボンをみつあみにあみこむと両想いになれちゃうかも！

ヘアゴムに想いをこめて
好きな人の写真の上にヘアゴムをおいて、両手の人さし指と親指で♡マークを作るよ。好きな人を思い浮かべながら♡のまん中に息をふきかけ、そのヘアゴムで髪を結ぶと好きな人がふりむいてくれるかも！

髪のさわり方でラブ運アップ！
好きな人の前では、右の髪は左手で、左の髪は右手でさわるといいよ。両想いになれる可能性も！

友情に効く！ もっと仲よくなれるおまじない

ハンカチの上からお願いしてみて
ヘアアクセを水で洗ったら、ハンカチでくるむよ。上から手をあてて「友だちと楽しく遊べますように」ととなえると放課後楽しいおさそいがきちゃうかも！

星のヘアピンに想いを
星のヘアピンを用意しよう。髪にとめるときに、友だちのことを思いうかべると、今よりもっと友情を深められるかも☆

かがみに願いを
小さなかがみに星のシールをはったら「かがみの精よ、ステキな笑顔を私にください」とお願いして、お守りにしよう。クラスの人気者になれちゃうかも！

パート5

\サラサラツヤツヤ/
ヘアケア講座

髪の洗い方やかわかし方にも
コツがあるって知っているかな？
知っているようで意外と知らない
キレイな髪をキープするヒケツを
あなただけに教えちゃうよ。

パート5 ヘアケア講座
ヘアケアは大切！

あいり	りん	みゆう	なつき	けいこ

美容室からお届けものよー

なんだろう…

わあ！
ヘアケアブックだ！

ミラクルビューティーマガジン

ミラクルガールズと解決！
髪のお悩み Q&A

ビューティーヘアケア BOOK

あらためておさらい！
とかし方

一番大切なヘアケア☆
洗い方

かわいいアレンジのカギ！
かわかし方

特別な日のスペシャルケア♪
ヘアパック

だれでもかんたん！
手作りヘアアクセも紹介

正しいヘアケア教えるよ！

正しいヘアケア教えるよ！

正しいお手入れ方法をマスターしてきれいな髪を手に入れよう！
毎日のていねいなヘアケアが、サラツヤ髪のひけつ！

正しいヘアケア その1
とかし方

とかし方にも手順があるよ。きちんととかさないと髪が痛む原因に！

使う道具

ブラシ
とかした髪にツヤを出したり、ホコリや汚れを落とすよ。

ロールブラシ
内まきやストレートにしたり、動きをつけたいときに◎。

1 毛先をとかす

毛先からとかしていくよ。髪をにぎって下から少しずつていねいにとかしていくよ。にぎっておくとからまった髪がムリに引っぱられないので負担が少ないよ。

ブラシは、頭皮におしつけすぎずにふんわりとあててとかしていこうね。

2 根元までとかす

毛先をとかしたら耳の高さ→その上→トップの順に少しずつとかす高さを上げていくよ。

3 しあげのブラッシング

最後は髪全体を髪の流れにそって、上から下へふんわりとやさしくとかしてととのえるよ。

正しいヘアケア その2
洗い方

一番大切なヘアケアは髪を洗うこと！正しい洗い方をマスターしよう！

使う道具

ブラシ
髪のホコリや汚れをきれいに落とすよ。

シャンプー
汚れを落とすために使うよ。髪質に合わせて種類もいろいろあるよ。

コンディショナー
シャンプーのあとに髪につけるよ。髪をサラツヤにしてハリをあたえてくれるよ。

1 ブラッシングをする

髪をぬらす前に、まずブラッシングで汚れやホコリを落としておくよ。髪をととのえておくことで洗いやすくもなるよ。

効果アップ！
よぶんなひしやフケをとりのぞくからシャンプーの成分が髪にとどきやすくなるよ。

2 髪をぬらす

前髪から順に、上から髪をぬらしていくよ。頭皮もしっかりお湯で洗って汚れを落とそう。シャワーヘッドを頭皮にあてるようにして洗うと、お湯がまんべんなくいきわたるよ。

3 水を切る

水分が残るように、1回かるくしぼるだけでOKだよ。

髪をにぎってかるく水を切っていくよ。シャンプー前なのでしぼりすぎないようにしよう。

パート5 ヘアケア講座 ビューティーヘアケアBOOK

4 シャンプーを泡だてる

500円玉くらいの大きさだよ！

量はロングヘアで500円玉くらいだよ。ショートヘアはその半分くらいの量だよ。

シャンプーを手の平にとるよ。少しだけ水をたして10回ほど両手でこすり合わせて泡だてるよ。

直接頭につけるのはNG!
泡だてずに直接頭につけると、シャンプー液が頭皮について洗い流しにくくなっちゃうよ。すすぎ残しの原因に！

5 シャンプーで洗う

泡だてたシャンプーをトップにつけたら、指のはらを使って洗っていくよ。頭皮全体をしっかり洗えたら、毛先をやさしく泡でつつんで洗うよ。耳の後ろやえりあしは洗い忘れがちなので注意してね。

目に入らないように気をつけて！
泡が目に入らないように気をつけて洗ってね。目に入ったらすぐに洗い流そう。

指の動きをマスターしよう！

指のはらでやさしく洗おう

髪の毛をやさしく洗うために、指のはらの部分を使おう。ツメを立てずに洗うのがポイントだよ。

指のはら

のばして／曲げる

234

6 すすぐ

前髪→両サイド→後ろ→えりあしの順番ですすいでいくよ。髪にお湯をあてながら、少し上を向いてなでるように流していこう。頭皮もしっかりとすすいで、ぬるぬるしなくなるまで流し、しっかり水を切ろうね。

流し忘れに気をつけて！
流し忘れがちなえりあしに注意してすすぐことを心がけてね。

7 コンディショナーをつける

500円玉くらいの大きさだよ！

コンディショナーを手の平にとり、両手にのばしたら髪の中間から毛先を中心に、根元のほうを残してつけるよ。

量はロングヘアで500円玉くらいだよ。ショートヘアはその半分くらいの量だよ。

すぐに洗い流すよ！
時間をおいてなじませても意味がないので、すぐに洗い流すようにしよう！

8 すすぐ

コンディショナーをつけた髪を上から下の順に洗い流していくよ。ぬめりが完全になくなるまでしっかりと洗い流してね。耳のまわりや首元など、洗い残りやすいところに注意しよう。

オススメ！
体を洗うときはボディソープが髪につかないよう結んでおこう。

パート5 ヘアケア講座 ビューティーヘアケアBOOK

正しいヘアケア その3

かわかし方

自然乾燥はダメージの元！　正しくかわかせばヘアスタイルもバッチリ！

使う道具

ドライヤー
温風で髪をかわかして、冷風で形を固定するよ。

コーム
ぬれたあとの傷みやすい髪には、あら目のコームがオススメ。

❤1 水をしぼる

お風呂からあがる前に、233ページ❸のように水をしぼるよ。ねじってしぼるのは、ダメージヘアの原因になるからNG。

水をしぼって時間短縮！
水をしぼらないと、タオルがびしょぬれに！　タオルドライによぶんな時間がかかってしまうよ！

❤2 タオルドライ

ダメージの原因に！
力ずくで一気にタオルドライするのは、ダメージの元！　やさしく、を心がけてね。

頭全体をタオルでつつみ、タオルに水を吸収させるように密着させて頭皮と根元の水分をふくよ。

次に毛先をタオルではさんで水分を取るよ。ゴシゴシとこすり合わせるのは、切れ毛や枝毛の原因になるのでやさしくはさもう。

❤3 ブラッシング

手ぐしでやさしく髪のからまりをといていこう。ここではからまりは抜け毛の原因にもなるので、無理にとかなくてOK。

つぎに目のあらいコームでからまっている部分をととのえるよ。ぬれた髪は傷みやすいので、やさしくとかそう。

♥4 ドライヤーをかける

まず、前髪からかわかしていくよ。片手でドライヤーを持ち、もう片方の手の指先を左右に動かしてやさしく生えぎわをこするようにかわかすよ。

ダメージ防止に髪の毛から約20cm離して温風をあててね。

トップの根元
サイドの根元

つぎにトップの根元→サイドの根元の順でかわかすよ。根元をかわかすときは、指で髪を少し持ちあげて下からあてるとかわきやすいよ。

指を下にすべらせよう

最後は後頭部からドライヤーをあてて、上から下にかわかしていくよ。同じ方向から風をあててかわかすことで毛先がはねるのをふせぐよ。

ぬれたまま放っておくのは絶対ダメ！

ぬれた状態は髪が一番傷つきやすいよ。放っておくと髪がパサパサになってしまったり、ダメージの原因になるので、必ずかわかそう！

特別な日に スペシャルヘアケア 番外編

ヘアパック

いつものお手入れにプラスワン！
トリートメントとフェイスタオルで
できるかんたんヘアパックだよ！

使う道具

トリートメント
コンディショナーとちがって髪の中にしんとうして、ダメージをなおしてくれるよ。週1回使うのがオススメ。

フェイスタオル
トリートメントをしんとうさせるために、髪にまいて使うよ。

コーム
トリートメントをつけた髪をとかすのに使うよ。あら目のものがオススメ。

♥1 トリートメントをつける

シャンプーのあと、しっかり水分を切って髪の中間から毛先を中心にトリートメントをなじませるよ。

♥2 あら目のコームでとかす

コームで全体をとかして、トリートメントをもみこむよ。コームは目があらいものを使うと髪が傷まないよ。

③ 髪をつつんで約15分おく

湯船につかって待とう！
体を冷やさないように湯船につかって待とう。

髪が長い人はたらしだんごでまとめるよ。フェイスタオルをぬらしてかたくしぼり、広げて肩にかけ、髪を出すよ。❶と❷を持って、❶を生えぎわにそわせながらおでこの上まであげるよ。

❷も同様に上げて、おでこの上で❶と交差させるよ。
❶の手をはなして顔の前のタオルを持ち上げ、頭にかぶせるよ。
後ろ側は頭をつつむようにタオルを持ち上げてととのえるよ。
約15分おいて、髪になじませてね。

④ トリートメントを洗い流す

タオルをとってトリートメントを洗い流そう。ぬめりがなくなるまでしっかりすすぐよ。

髪にいいこと
ちょっと気をつけるだけでできる、髪にいいことを教えるよ！

その1 直射日光をさける
紫外線を直接浴びるのは肌と同じで髪にとってもあまりよくないこと。紫外線が強い日は帽子をかぶるなどして紫外線カットを心がけよう。

その2 いっぱい寝る！
髪の毛は、日中のダメージを睡眠中に修復しているので、毎日健康的に早寝早起きすることが美しい髪を保つヒケツだよ！

パート5 ヘアケア講座 ビューティーヘアケアBOOK

髪のお悩み Q&A

髪の毛やヘアスタイルに関する悩みを
ミラクルガールズといっしょに
解決しちゃうよ！

Q1 雨の日になると髪が広がります

湿気が多い日には、ヘアアレンジで髪をまとめよう！

雨の日は、湿気が多いのでどうしても髪が広がってしまうよ。おだんごヘアやみつあみなど、まとまりやすいアレンジをしてみてね。

Q2 生まれたときから髪がうすい気がする

根元を立ててふんわりとかわかしてみよう！

髪のかわかし方を変えてみよう。根元を立ててふんわりとかわかすことで、ボリュームが出るよ。内側からドライヤーをあてるのもオススメ。でも、子どものうちは髪が細いから少なく感じるだけ、ということもあるから、悩みすぎなくても大丈夫だよ。

Q3 髪を早くのばしたいのに全然のびませーん

毎日のていねいなシャンプーと頭皮マッサージが◎！

頭皮がつかれていると髪の成長をじゃましてしまうよ。シャンプーのときに、指のはらを使って頭皮をやさしくマッサージしよう。血行がよくなって髪の成長が早くなるよ。

Q4 まだ小学生なのに、白髪があった…

気になるようなら、その場で抜いてしまってOK！

白髪は髪質がかたいので、切ると根元が立って目立ってしまうよ。気になるなら根元から抜いてしまおう。抜くのにていこうがある人は、根元からカットしても。

Q5 髪が細くていつもぺったんこになります

出かける前のセットが大切！トップがつぶれないようにしよう！

出かける前にボリュームがつくようにセットするのがオススメ。ヘアトップがつぶれないように、内側からドライヤーをあててあげよう。

Q6 髪を洗っているのにフケが出てしまいます

フケには、乾燥が原因のものと、汚れが原因のものがある！

頭皮に水分が残っていると、髪がかわくときに、必要な水分も蒸発してしまい乾燥するので、それがフケの原因に。ドライヤーをかけるときは頭皮もしっかりとかわかそう。シャンプーが残っていると、それもフケの原因になるよ。

Q7 頭が臭いような気がしています

寝る前のケアが大切！ドライヤーでかわかそう。

髪に水分が残ったまま寝ると、寝ている間に細菌が増えてにおいの原因に。頭皮までしっかりとかわかしてから寝ようね。枕の上にタオルをしいてこまめに交換して清潔を保つことも大切だよ。

パート5 ヘアケア講座 髪のお悩みQ&A

Q8 アレンジするとえりあしの髪が落ちてきちゃう…

ピンを使ってとめちゃおう！

短くて落ちてきてしまう後れ毛は、ピンでとめておこう。ほかには、後れ毛が長くなるまでは落ちてこない位置でアレンジをするのもひとつの手だよ。

Q9 触っただけで髪がよく抜けます

髪が抜けているのではなく、切れているかも！？

髪には周期があるので、抜け落ちるのは仕方のないことだよ。抜けているのではなく切れている場合はダメージが原因なので、引っぱったり、まさつを与えないようにしよう。

Q10 髪を染めたいのに禁止されています

小学生のうちはまだガマン！頭皮トラブルの原因に。

小学生のうちはまだ頭皮がうすくかぶれやすいので、染めることで将来的な頭皮トラブルの原因に。今はガマンしてきれいな黒髪を楽しもう。

Q11 お母さんがすすめる髪型にしたくない…

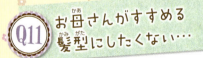

美容師さんに意見を聞いてみよう。

お母さんといっしょに美容室に行ってみよう。担当してくれる美容師さんに、髪の悩みを相談してみて。自分に合ったヘアスタイルをアドバイスしてくれるよ。

Q12 急に髪質が変わった！どうしてですか？

よくあることだから気にしないで大丈夫！

髪質は、遺伝や成長で突然変わることがあるよ。異常ではないので心配しなくてOK！　特に月経がはじまったときや、思春期には起きやすいことだよ。

Q13 寝グセがつきやすくて困っています

洗ったあとのブローをしっかりと！ていねいにかわかそう。

寝グセがつきやすい人は、髪がぬれたまま寝ている可能性があるよ。お風呂上がりにしっかりとかわかして寝よう。かわかし方は236ページを見てね。

Q14 すぐに髪がベタベタになります

洗い残しとコンディショナーのつけすぎが原因！

頭皮の汚れがきちんと取れていない可能性があるので、シャンプーのときにしっかりと洗い流そう。ほかには、コンディショナーの量が多すぎるのも原因のひとつなので、減らしてみるといいかも。

パート5 ヘアケア講座

髪のお悩みQ&A

ちゃんと洗っているのにツヤがないです

ドライヤーの温風と冷風を使いこなそう!

ドライヤーの温風で全体をかわかした後に、冷風に切りかえて形をととのえるとツヤが出るよ。冷やすことで髪の表面のキューティクルが引きしまるよ。

天パをなおしたいのですがどうすれば…

似合うヘアアレンジが必ずあるよ!

ヘアゴムやヘアピンで、クセをおさえたヘアアレンジをマスターしよう。美容師さんに自分にあったヘアスタイルを教えてもらうのも◎。

わけ目を変えたいけど、うまくわかれない…

ぬれているときに、ヘアスタイルを作ろう!

根元を水でぬらしてから、好みのわけ目に変えて、かわかそう。このとき、根元からクセがつくようにかわかしてね。お風呂上がりの髪全体がぬれているときがチャンス。

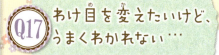

Q18 自分でうまくヘアアレンジができない

まずは基本から練習してみよう!

かんたんなアレンジをきちんと練習してみよう。パート1の「ひとつ結び」からはじめてね。失敗してしまっても、なれるまではとにかく練習あるのみ!

Q19 髪が多くてゴワゴワしています

自分の髪に合うかわかし方を。

上からボリュームをおさえるようにドライヤーをあてよう。自分の髪の個性に合わせたかわかし方を探してみるのがオススメ。お手入れが変わると見た目も変わって見えるよ。

Q20 ヘアセットで後ろすがたが見えなくて困る…

2枚のかがみを用意しよう!
コツをつかめば簡単だよ!

洗面台やカベにかかっているかがみと、手持ちかがみで合わせかがみをしよう。何回もカクニンしながら、少しずつヘアスタイルをととのえていこう。ひとりでできないときは、お家の人に協力してもらってね。

パート5 ヘアケア講座

髪のお悩みQ&A

だれでもかんたん！手作りヘアアクセ

切ったりはったりするだけ！
かんたんヘアアクセの作り方を紹介するよ！

はってとめるだけ！ リボンクリップ

● 用意するもの ●
- ♥ミニヘアクリップ……1コ
- ♥ミニデコリボン……1コ
- ♥接着剤

何個か作って顔のまわりや、結び目の上にとめるとカラフルでかわいいよ！

● 作り方 ●
1. ミニデコリボンの、裏側の真ん中に接着剤をぬるよ。
2. ミニヘアクリップの持ち手の上に1のリボンをはってかわかせばできあがり！

プラバンにかいて焼くだけ！ ドットヘアゴム

ドットのもようをハートに変えたりしてたのしんでね♪

● 用意するもの ●
- ♥プラバン（9×9cm以上）……1枚
- ♥ヘアゴム……1本
- ♥ポスターカラーマーカー（油性ペンでもOK！）……好きな色
- ♥テープ ♥ハサミ ♥カッター
- ♥アルミホイル ♥オーブントースター

● 作り方 ● 必ず大人の人といっしょに作ってね

1. 紙に直径9cmの円をかくよ。
2. 上にプラバンをのせてテープで固定したら、円をなぞるように黄色マーカーでぬりつぶすよ。
3. 全体がかわいたら、上から直径1.5cmくらいのドットをかいていくよ。色は好きな色でぬろう。プラバンは焼くと3分の1くらいに縮むので、できあがりイメージの3倍でかこう。
4. プラバンを黄色い円にそってハサミで切るよ。ゴムを通す穴は、ゴムの太さの3倍になるように、カッターで2か所あけるよ。
5. しわしわにしたアルミホイルの上にプラバンを置いて、オーブントースターで焼くよ。プラバンを買ったときについてくる説明書き通りに焼いてね。
6. プラバンが焼けたら、穴にゴムを通して結び、結び目をプラバンのすぐ裏に持ってきたらできあがり！

最後まで読んでくれたみんなへ

ヘアアレンジ、
楽しんでくれているかな？

基本テクニックの
くるりんぱやみつあみも、
覚えてみたら
意外とかんたんだったでしょ？

アレンジは基本のテクニックを
組み合わせるだけだから
お気に入りのテクニックで、
自分なりのアレンジを
見つけてみるのもステキよ♪

それと、アレンジを楽しむには
元気でキレイな髪の毛が大切☆
ケアも忘れずにね。

女の子だもん、たっくさん
ヘアアレンジをしてかわいく
ならなきゃもったいない！

これからも、思うぞんぶん
ヘアアレンジを楽しんでね。
アレンジの可能性は無限大だよ！

　　　　　　　　　はづき

ヘアアレンジ早見表

右上にあるのがページ数。
気になるアレンジはすぐにチェック！

ひとつに結ぶ

16 ひとつ結び	18 ひとつ結び 低め	 18 ひとつ結び 高め	18 ひとつ結び サイド	18 ひとつ結び サイド低め
 18 ひとつ結び サイド高め	30 くるりんぱ	 32 逆りんぱ	 32 くるりんぱ 連続	72 シュシュ
 73 ポンポンつき ゴム	 96 ダブル みつあみ	 100 リボン ポニーテール	 105 細みつあみ ポニー	 107 ヘアバンド ポニテ
 107 ヘアバンド ポニテ（オールバック）	120 三段 ハーフ結び	 132 サイド連続 くるりんぱ	 156 ポンパ ポニテ	160 みつあみまき つけポニー
 202 逆りんぱ サイドアップ	 208 バック 裏あみこみ	 214 ウエーブ アップヘア	218 ヒロイン風 みつあみヘア	

ふたつに結ぶ

20
ふたつ結び

22
ふたつ結び
低め

22
ふたつ結び
高め

22
ふたつ結び
後ろ

22
ふたつ結び
真横

22
みつあみ

42
みつあみ
きつめ

42
みつあみ
ゆるめ

52
フィッシュ
ボーン

54
フィッシュボーン
きつめ

54
フィッシュボーン
ゆるめ

83
縄みつあみ
入りツイン

84
キャンディ
ツイン

89
裏あみこみ
ツイン

109
うさ耳みつあみ

121
ダブルツイン

122
ゆるあみ
ツイン

122
ゆるあみツイン
(前髪アップ)

126
くるりんぱ
ツイン

138
えりあしツイン
くるりんぱ

140
結び目かくし
ゆるツイン

144
くるりんぱ
みつあみ

158
ボリューム
ツイン

164
ねじりうずまき&
フィッシュボーン

210
ボコボコツイン

211	222	223	224	226

片あみこみ ツイン	リボン ツインテール	連続くるりんぱ ツイン	みつあみ ミックスツイン	リボン入り みつあみツイン

まとめて結ぶ

56	58	58	58	60

たらしだんご	たらしだんご 高め	たらしだんご 低め	たらしだんご サイド	まきつけだんご

62	62	62	62	90

まきつけだんご 高め	まきつけだんご 低め	まきつけだんご サイド	まきつけだんご ゆるめ	ゆるツイン だんご

92	98	108	114	124

みつあみ カチューシャ	ダブル たらしだんご	たらしだんご ツイン	サイド ねじりだんご	アシメ ツインだんご

130	137	148	150	159

ハーフ たらしだんご	みつあみ リング	なんちゃって ボブ	みつあみ まとめヘア	ボリューム だんご

200 みつあみ アップヘア

204 裏あみこみ まとめヘア

206 みつあみ だんごヘア

212 みつあみ サイドだんご

一部で結ぶ・とめる

24 ハーフ結び

26 ハーフ結び 低め

26 ハーフ結び 高め

26 ハーフ結び サイド

26 ハーフ結び ツイン

28 ブロック結び

32 くるりんぱ ワンポイント

34 ツイスト

36 ダブル ツイスト

36 ダブルねじり ツイスト

42 みつあみ 毛束ガエ

44 表あみこみ

46 裏あみこみ

48 片あみこみ

50 表あみこみ きつめ

50 表あみこみ ゆるめ

64 ピン (タイトにとめる)

65 ピン (毛束をとめる)

65 ピン (ふんわりとめる)

66 パッチンどめ

253

67 クリップ	 **68** バレッタ	 **69** パンズクリップ	 **70** ヘアバンド	**71** カチューシャ
85 ねじりバッテン	 **86** ねじりカチューシャ	 **87** うさ耳ツイン	 **88** くるりんみつあみ	 **94** アシメくるりんぱ
 **106** 逆りんぱツイン	 **110** ひつじだんご	 **112** 細あみハーフだんご	 **119** くるりんぱハーフツイン	 **123** パイナップルハーフアップ
 **128** あみこみ風ヘア	 **139** サイド裏あみこみ	 **141** ハーフたらしだんご	 **142** ねじりハーフ	 **146** みつあみクロス
 **155** かきあげハーフ	 **157** サイドくるりんぱ	 **162** サイド裏あみこみ	 **203** 両サイド裏あみこみ	 **207** クロスピンサイドどめ
 **215** ハーフ表あみこみ	 **216** 小悪魔ヘアー	 **219** ねこ耳風ねじりヘア	 **220** みつあみハートヘア	 **227** ブロックツインだんご

前髪を結ぶ・とめる

36
ツイスト
外まき

36
ツイスト
内まき

178
わけ目カエ
（アイドル）

178
わけ目カエ
（ななめ）

178
わけ目カエ
（センター）

178
わけ目カエ
（M字）

179
ねじりバック

179
かんたん
ラフどめ

180
キャンディー
ヘア

180
おでこ出し
ちょんまげ

181
サイド
みつあみ

181
あみこみ
リボン

183
まゆ上
アレンジ

185
アシメ
アレンジ

188
清楚どめ

188
ガーリー
ポンパ

189
前髪
たらしだんご

189
ガーリー
あみこみ

190
ねじって
かくす！

190
かぶせて
かくす！

191
ぴったり
とめる！

191
ふんわり
させる！

255

監修協力	市岡 愛　鎌田真理子　筒井リカ
撮影	三輪友紀
ヘアメイク	筒井リカ
モデル	ミラクルガールズ
	（かなみ©、ふら©、まき©、みゆう©、りか©）
マンガ・イラスト	街村沙耶
イラスト	梶山ミカ　久木ゆづる　白詰千佳　高咲あゆ
	時羽 永　真昼てく　村崎翠　ユカ　りーりん
	鷲尾美枝　om
イラスト制作協力	株式会社サイドランチ　秋野たけのこ　tutoji
	つるしまたつみ　白鳥冴夏　poni
執筆協力	中村瑠衣
デザイン・DTP	佐藤明日香、山岸蒔（株式会社スタジオダンク）
	佐々木麗奈
写真提供	istock/GettyImages
編集協力	株式会社スタジオダンク

ミラクルハッピー
かんたん♡かわいい　ヘアアレンジDX

編著者	ガールズ向上委員会（がーるずこうじょういいんかい）
発行者	若松和紀
発行所	株式会社 西東社
	〒113-0034　東京都文京区湯島2-3-13
	http://www.seitosha.co.jp/
	営業部　03-5800-3120
	編集部　03-5800-3121〔お問い合わせ用〕

※本書に記載のない内容のご質問や著者等の連絡先につきましては、お答えできかねます。

落丁・乱丁本は、小社「営業部」宛にご送付ください。送料小社負担にてお取り替えいたします。本書の内容の一部あるいは全部を無断で複製（コピー・データファイル化すること）、転載（ウェブサイト・ブログ等の電子メディアも含む）することは、法律で認められた場合を除き、著作者及び出版社の権利を侵害することになります。代行業者等の第三者に依頼して本書を電子データ化することも認められておりません。

ISBN 978-4-7916-2485-0